再生

元気になる26のメッセージ

大塚日正
Otsuka Nissho

大法輪閣

はじめに

私は、宗教法人「獅子吼会《ししくかい》」を主宰しています大塚日正《おおつかにっしょう》と申します。

当会は、法華宗《ほっけしゅう》（本門流）に属し、一九一三年二月十六日、日蓮聖人《にちれんしょうにん》ご生誕日を記念し、祖父の日現《にちげん》（以後、会祖）により設立されました。

会名は、お釈迦《しゃか》さまの説法を「師子吼」と言いますが、それではおそれ多く、会祖は、「犭」偏をつけて「獅」とし「獅子吼会」と命名しました。

当会の大切な教えの一つに「難有《なんあ》って有《あ》り難《がた》い」があります。いかなることがあっても、つねに喜びに思いを変えなさい、という教えです。したがって、この教えに基づいて、信徒同士、挨拶を交わす時「有《あ》り難《がと》うございます」と言います。

「こんにちは」「おはようございます」「さようなら」などの前後に「有り難うございます」を加えます。「有り難うございます」は、当会の大事な精神です。道行く方々にも読んでいただけるように、左記のようなレリーフを作成して、屋外に設置しています。

「有り難うございます」

一、「有り難う」
施《ほどこ》された時　頂いた時　人に「有り難う」

一、「有り難う」
施し　与えた時　人から「有り難う」

一、「有り難う」は「有り難《にく》い」とも読む

はじめに

奇跡に近い確率で生まれてきた尊い命
しかも生きているのではなく　生かされている
これは　当たり前ではない　普通でもない
有り難いことなのだと感謝して「有り難う」
一、「有り難い」を逆さに読めば「難有る」
即ち「難有って有り難い」
苦しみの中からさえも　感謝　喜びを見出《みいだ》す心
永い一生　多くの試練に遇いながらも
それらに耐え　打ち克ってこそ
強く豊かな人間になることが出来る
難有って尚「有り難うございます」
という　精神を持ちたいものです

私たちは日頃、喜びを感じた時、感謝の心を込めて「有り難うございます」と、口にします。病気をした時など、生きているのではなく、生かされていることに、また健康に、改めて感謝・喜びを強く感じるのではないでしょうか。

健康は当たり前ではないのです。とかく私たちは、何事も当たり前、普通のことと思いがちですが、当たり前でも普通でもない。実に有り難《あ　にく》いことなのです。

そうした日々の中で、心から「有り難うございます」と感謝できる「自分」をまず見出す。見出すことにより、先祖、家族、知人、友人、さらに、見ず知らずの多くの人々の支えをいただいての「自分」に気がつくのです。

人間はこの世に生を受け、それぞれの人生を歩む時、いろいろなことに出会います。

良いこと、嬉しいこともたくさんあるでしょうが、それにも倍して、悲しみ、苦しみ、悩みなどに出遭《であ》います。これを乗りこえて行くためには、目を背《そむ》けず、まず受《う》け容《い》れる。逃げてばかりでは解決になりません。自分を変えましょう。考えを切り替えましょう。自分を変え、考えを切り替え、思いを変えた時、マイナスと思っていたことがプラスにさえなるのです。これが「難有って有り難い」なのです。人生、さまざまな苦難に遭うのは必定《ひつじょう》。つねに前向きに物事を受けとめていこうではありませんか。

「難有って有り難い」という心が大切、と気づいたならば、その心を人に伝えましょう。人生、悲喜こもごも、いろいろ。たとえ、いかなることがあっても、目を背けず、逃げず、すべては己を成長させる肥やし、すなわち「難有って有り難い」という精神で日々過ごしたいものです。

――有り難うございます。――

二〇二〇年七月

大塚 日正

再生　目次

はじめに …… 1

第一章　生と死 …… 13

長　寿 …… 14

老　い …… 26

老い（二） …… 32

人生の幕引き …… 38

灯火念々 …… 52

第二章　姿勢 …… 61

天　職 …… 62

第三章　思いを変える…………71
有り難うございます…………72
失敗は成功への糧…………80
怯まず驕らず…………86
生きる意味…………91
第四章　仏の教え…………103
お釈迦さま…………104
慢　心…………118

諸行無常……124
挨拶……131
躾……140
大人も子どもも……149
「言うは易く行うは難し」……161
慈悲・思いやり……168
世界の宗教……184
科学と技術……204
許し……220

第五章 与える

与える……235

与える……236
ギビング　イズ　リビング……244
施　し……258
至誠惻怛……266

第六章　再生……275

我　再生……276

あとがき……285

著者紹介……289

●挿絵／北畠　聖龍

●装幀／山本　太郎

第一章

生と死

長寿

NHKで「長寿の秘訣」について放映していました。
――食と命は、切っても切れない大切な関係。
一、イタリア・地中海沿岸の「長寿のホットスポット」といわれている地域の長寿の秘訣は、地域特有の地中海食にある。
ところが、地中海食を別の地域の人たちが食したところ、特別、長寿の兆候が見られなかった。
二、中国の「長寿のホットスポット」といわれている地域も、地域に適した食が長寿の原因といわれている。

これらを考えると、日本は世界有数の長寿国だが、秘訣は、日本という地域に適した「和食」にあるようだ。

ゆえに、食と命は、密接な関係にある。――

とのことでした。

どうやら「長寿の秘訣は、食」と密接な関係にあるようです。

少しでも健康で長生きするためには、魚、納豆、海藻や、みそ汁を食し、暴飲暴食を慎み、適度の運動。加えて、買い物はほどほど、物欲をおさえる。

姿勢も大事。張りのある大きな声を出すことも大事。

家庭を大切に、社会に少しでも貢献。不足、不満を言わず「今置かれていることが一番幸せ！」と、感謝。置かれた場所で、己《おのれ》の花を咲かせることに心がける。

人に親切を施《ほどこ》し、喜んでいただき、その喜びをもらって、生きがいとする。

加えて、宗教、信仰なども大切です。これこそ、長寿の秘訣。

中国の話です。八十歳の年寄りに、

「おめでとうございます」

と言ったところ、

「いやいや、まだ半寿です。天寿にはほど遠いです」

と答えた、という話があります。

天寿は、百六十歳のようです。

今や日本は、百六十歳とまではいかないにせよ、男女とも、平均寿命が延びたのは確かです。世界保健機関（WHO）が二〇一八年に発表した統計によれば、女性は八十七・一歳で世界第一位、男性は八十一・一歳で世界第二位です。

男女とも、八十歳をこえました。これでも、半寿！

人生五十年といわれていた時代、六十歳まで生きるのは、人間の希望だったのかもしれません。それで、還暦《かんれき》、古希《こき》、喜寿《きじゅ》、傘寿《さんじゅ》、米寿《べいじゅ》、卒寿《そつじゅ》、白寿《はくじゅ》、百寿《ももじゅ》などといい出したのではないでしょうか。

還暦を二度迎えると大還暦《だいかんれき》。すなわち、百二十歳。どうやら人間の欲にはきりがないようです。いくら長生きしたとしても、いつかは死を迎えます。

これだけは確実。いってみれば、確率百パーセント。

問題は「その時がいつ?」が分からない。分からないから、いつお迎えが来てもよいように、準備だけはしなくてはなりません。

俳人の小林一茶《こばやしいっさ》が、

「いざさらば　死にげいこせん　花の雨」

と、詠《よ》んでいます。

寿命ははかなく、無常。長い、短いはあっても、いつか必ずお迎えが来る。

今のうちから心の準備をしなければならない、ということでしょうか。

ところが、理屈では分かっていても、実際となると、そういうわけにもいきません。つい目先のことにとらわれがちで「いざ……死にげいこ」は後回し。いつまでも生きたい、長生きしたい、というのが本音で、死から目を背けているのかもしれません。

こんな話もあります。

ある人が言いました。

「天寿ってものがあるのなら、ぜひ知りたいもんだな」

聞いた人が、

「どうしてだい？　自分の寿命がもし短かいことが分かったら、不安になるんじゃないかい？」

「いやいやー、将来の経済的なことの方がよっぽど不安だよ。今の年寄りは、平均で二千万円以上の貯金を残して死んでいくそうだが、オレは違うぞ。子孫のために美田《びでん》を残さず、じゃないが、ケチケチ貯めないで、生きている間に、パーッと全部使いきって死んでいきたいもんだ！

八十歳まで生きるだろうと思って、欲しいものも我慢して倹約して、七十歳で死んじゃったら大損だしな。

知り合いに、同じような考えのヤツがいてね。自分の寿命は八十歳、と計算をして、それまでに貯金を全部使い終わる計画を立てたそうだ。

ところが八十になっても、いまだにピンピン。医者に診てもらったら、

『あと十年は大丈夫！　保証する』

と言われて、大慌て。

貯金、全部使ってしまって、頭抱えているよ。

だから、オレもできたら寿命、天寿ってもんが分かるなら、知りたいんだ」

このような話です。

医師は、重症患者に対して、直接、あるいは家族に、余命三ヵ月とか、半年と

か告げますが、実際は外れることがあります。現実に、余命三ヵ月と告知された患者が、三ヵ月経《た》って、今度は余命五ヵ月。その後、何度か告知されて、さらに延命してなお、数年経ってもまだ元気な人が実際にいます。

命ほど、神秘かつ、不可思議なものはありません。

「あと十年は大丈夫！　保証する」と言っても、お医者さんでも、自分自身の寿命は分からないのではないでしょうか。

◇　　◇

「できたら、天寿が知りたい」ということですが、実際はどうでしょうか？

外国の笑い話です。

――あるゴルフ好きがいました。

死んだ時、天国に行っても、はたしてゴルフができるだろうか？　心配になったようです。そこで、教会に行ってたずねました。

「あのー、天国にもゴルフ場があるのでしょうか？　もしあったら、そのうちプレーしたいんですが……」

　すると牧師さん。

「少々お待ちください。神さまに聞いてあげましょう」

　しばらくして牧師さん、ニッコリ笑って、

「心配ご無用。ちゃーんと、ゴルフ場はあるそうです。しかも、来週の土曜日に、プレーできるように、あなたの名前で『天国ゴルフクラブ』に予約が入っているそうですよ。どうかご心配なく！」――

はたして彼は喜んだのでしょうか。寿命が分かった方がいいのかどうか？

死はいつか必ず訪れる。大事なのは、死から目をそらしてはならないこと。

死をしっかりと見据えた上で、今なすべきことをする。与えられた一日、この一日、一日を精一杯、悔いなく過ごしたいものです。

「センテナリアン」という言葉があります。百歳以上の人をいいます。

現在、世界で百歳以上は四十五万人以上。日本では、六万七千人以上。

人類の平均寿命は、この百五十年間で四十歳から八十歳になりました。

しかもなお、延び続けています。

今や、誰もが百歳まで生きるのは、現実となったようです。

したがって、労働年齢の定年を仮に六十五歳とすれば、あと三十五年も生きるわけです。老後とか、余生といわれても、実感がわきません。

三十五年を、どう生きるかが人間の大命題となりました。

過ぎし日をふり返り「失敗が多かった。苦労の連続だった」と思っても、今が納得のいく日々であったとしたら、「いや、あの時の苦労があればこその今だ」と思えるでしょう。それは成功の人生、幸せな人生であるといえます。

過去、社会的な地位が高く、名も得て、経済的にも、健康にも恵まれ、他から羨ましがられるような人生を送ってきた。残念ながら、今はそうではない。
こういう人が、世の中にはいるものです。今を受《う》け容《い》れず、過去にとらわれ、
「あの頃はよかった！　昔は華やかだった！　それにくらべて今はつまらない。
寂しい。早く死にたい」
となれば、あまりにも惨《みじ》めな人生です。
今が大事なのです。与えられた立場、境遇《きょうぐう》をすべて受け容れ、その中で精一杯
努力をし、自分なりの花を咲かせることが大事なのです。

◇　　◇

ある人が次のように述べました。
「人生は一巻の書物。
我々は生まれてから死ぬまで、毎日その一ページを創作している。もちろん、
それはペンで書いているのではない。身体でもって、生活をもって書いている。

第一章　生と死

ある者は楽しみ、ある者は苦しみ。ある時は悲しみ、ある時は悦《よろこ》び、絶望、悲嘆、歓喜……。人により、時によりその中に書き記されることは、千差万別。

誰もが皆、毎日必ずその書物の一ページを書き綴《つづ》っている。

その日その日の一ページが集まって、一巻の書物になる。

人間がペンで書いた書物には、校正も再版もある。

人生の書物には、断じて校正も再版もない。

したがって、初版の誤植はそのまま訂正されずに、永遠に残されてゆく……」

人生を書物になぞらえて述べていますが、まったくもってその通りです。

お互い、いつか最後のページを書き終える時が来ましょう。

一度読み返して、

「まぁまぁの本を書くことができた！　ハイ、さようなら！」

と、ニッコリ笑ってペンを置き、表紙を閉じたいものです。

長寿

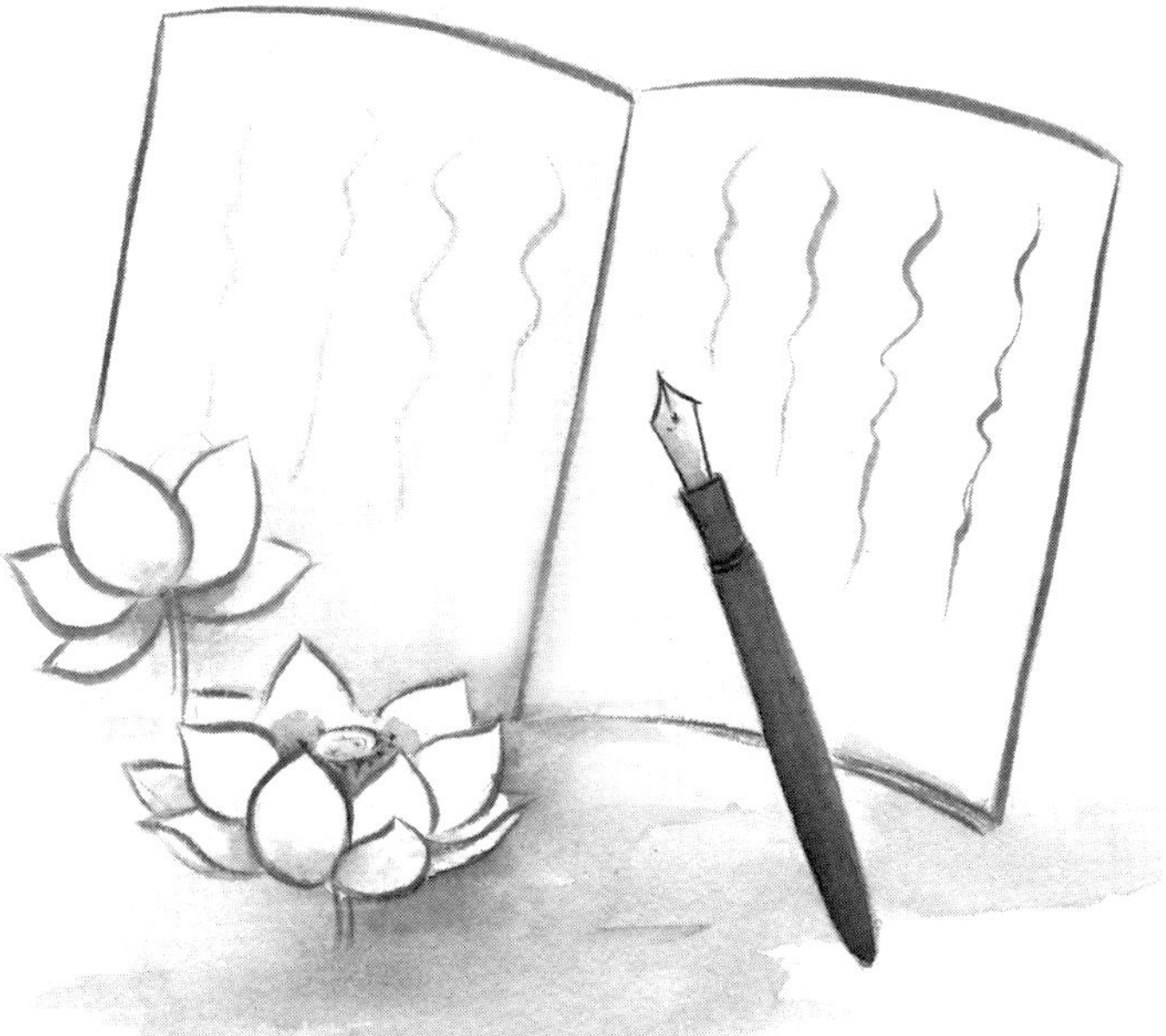

老い

お互い、寿命はまちまち。いつまで生きるかは分からない。生は受けたものの、老いる間もなく人生を終える人もいる。九十、百歳と長生きをする人もいます。衣、食、住が豊かになり、医療も進み、歳を取っても健康でいられる人が多くなりました。私も、八十歳を迎えても「老い」をあまり意識したこともなく、健康の不安を感じたことはありません。しかし、確実に老いは忍び寄ってきます。

お陰さまで大きな病はありませんが、今までできていたことが、できなくなりつつあることに気がつき始めました。疲れを感じるようにもなりました。人の名前や単語が出ない。口が回らなくなり、目も悪く、耳も遠くなりました。

まさに、江戸末期の臨済宗《りんざいしゅう》の仙厓《せんがい》和尚《おしょう》の戯《ざ》れ歌《うた》、

「しわがよる、ほくろができる、腰まがる、頭ははげる、ひげ白くなる。

手は振れる、足はよろつく、歯は抜ける、耳は聞こえず、目はうとくなる」

は、残念ながらその通りです。

新幹線で東京駅についた時。

改札口を出ようとしたら、切符がないではないですか！　駅員さんに、

「切符を車内に忘れてきたようです。領収書はありますが、だめですか?」

「だめです。何号車のどこに座っていましたか?」

普段は覚えていないのに、その時に限って奇跡的に覚えていたのです。

「○○号車の○○番、Aです」

「分かりました。連絡してみます」

ほどなく、

「見つかりました。どうぞお通りください」

やれやれでした。

ところが自宅に戻って気がついたのですが、座席に眼鏡ケースと愛用のシャープペンシルを忘れてきました。否応《いやおう》なく老いを感じさせられました。

七十五歳を過ぎて特に感じるのは、朝、目を覚ました時「今日は調子がよい」「まぁまぁだな」「何となくだるい」「調子が悪い」「熱っぽい」などと、その日によって身体の調子の変化が気になることです。昔は考えもしませんでした。

このことを、七十過ぎのご夫人に言いました。

「私などは一日、一日ではなく、一瞬、一瞬です。一瞬、一瞬、うろたえたり、気をとり直してがんばってみたりです」

と、言われてしまいました。

歳を取るとは、こういうことでしょうか。

でも、自慢できるものもあります。想像力と判断力が増した。怒りっぽかったのが、だいぶ丸くなった。もう一つ、若い時には見えなかったものが、歳を重ねた結果、見えるようになった。まぁ、結構あります。

しかし、いくら抵抗したところで、確実に老いは襲ってきます。

そこで考えました。老いを迎えて大切なのは、

「かつて、できていたことができなくなった自分を、素直に受け入れる。その上で、今日までがんばってきた自分を褒《ほ》める。若い時には考えてもみなかった、一日の大切さ、今日一日、生かしていただいた有《あ》り難《がた》さを身にしみて感じる。なにかにつけ、感動する。衰えを素直に認め、他《た》に対する謙虚さを持つ。少しでも人さまに何かの施《ほどこ》しをさせていただき、喜んでいただき、いささかの徳を積む。人に施す、与える、という行為こそ、生きている証。なにもできなくても、『有り難う』と言うだけで、人に喜びを与えられる」

そういうことではないでしょうか。

人は若い時、とかく自信過剰、傲慢《ごうまん》ですらある。発展途上の若者ですので、ある意味で仕方がないかもしれませんが、己《おのれ》の未熟さを反省し、少しずつでも謙虚さを持ち、円熟を目指して努力しなければなりません。

柊《ひいらぎ》の葉は、ふちに刺《とげ》がありります。種類により、少ないものは三つに始まり五つ、七つ、九つ、多いものには十一の刺があるそうです。ところが、樹齢を重ねるうちに、その刺がなくなり、丸味を帯びた葉になるということです。人間は逆が多いようです。歳を取れば取るほど刺々しくなる。ちょっとしたことで興奮、激怒する高齢者。柊を見習いたいものです。

人間、肉体は衰えても、成長はいつまでも可能かもしれない。いえ、成長すべきです。少なくとも、精神的に熟す。成熟は可能です。

いずれ旅立ちの日が訪れる。「終わりに残るものはなんだろうか」と考えた時、それは「どれだけ得たか」ではなく「どれだけ与えたか」ではないでしょうか。残された時間、まだ少しは他に与え、後の人たちのために与え残すものはありそうです。

少なくとも、その心がけを持って日々歩みたいものです。

老い（二）

過日、病院に行きました。

受付番号を渡されましたが、４２０番とあり、思わず、

「ええ！　４２０人目？」

「いいえ、０は余分で、正式には42です」

「42にしても、随分待ちますね」

「いいえ、朝からの通し番号なので、今からは2番目です」

なんとも珍妙なやり取り。

帰り、薬局で処方箋を渡したところ、レジの横に「認知症予防、記憶力増強」

という宣伝ポスターが貼ってありました。

「へぇ！　こんな薬があるんだ！」

「いかがですか？　よく効きますよ」

「まぁ、いずれはね」

処方されたチューブの軟膏に加え、殺虫スプレーなど、いろいろ求めました。

薬剤師は、殺虫スプレーの値段が分からなかったらしく、値札を確認するため、薬の棚に行きましたので、私も一緒に行き、相手がモタモタしていたので、

「ここ、ここ！　615円。6、1、5！」

「あ、分かりました。6、1、5」

レジに戻り、殺虫剤の金額を入れようと、

「うーん、6……」

と、後が続かず、

「6、1、5！　615円！　おたくの方がさっきの薬、飲んだ方がいいんじゃないの？　ところで、チューブの軟膏だけども、賞味期限……」

「賞味期限じゃありません。食べられません。有効期限です」

「そうそう、有効期限！　少しくらい期限が切れても大丈夫じゃないの？亡くなった母親などは、期限が切れても、なお十年以上使っていて、看護師さんがビックリしてたなぁー」

「そうですね。薬剤師の私が言うのもなんですが、私はある軟膏を二十年以上使っています。古くなっても、ちゃんと効きますよ。何しろ、日本は有効期限の表示に厳しいんですよ」

なんともはやお互い、認知症予防の薬を飲んだ方がよいのではないか？　と思うような会話でした。

認知症といえば、脳梗塞《のうこうそく》など、脳の血管の病気を発症すると、脳細胞の機能が失われ、その結果、発症する確率は、20～30パーセントだそうです。統計では、六十五歳で20パーセント、八十歳で40パーセント、九十歳で80パーセントがかかっています。

アクセルとブレーキを踏み違えたり、高速道路を逆走する事故が頻繁《ひんぱん》に起こっています。ほとんど、認知症が原因のようです。

最近、運転免許証の更新時に、七十五歳以上は「認知症検査」が実施されるようになりました。検査方法は、認知症医療の第一人者である精神科医の長谷川和夫《はせがわかずお》先生が開発した「長谷川式簡易検査」です。

認知症の典型的な症状には「年月日が分からなくなる。物忘れがひどくなるが、自覚なし。怒りっぽくなる。徘徊《はいかい》。物盗られ妄想《もうそう》。日常生活に支障をきたす」などがあるそうです。

最近、半世紀にわたって治療と研究に携わってきた長谷川先生が、なんと自らが認知症であることを明らかにしました。その際、人から質問されました。

「ショックかって？　歳取ったんだから、しょうがない。

長生きすれば誰でもなるよ。他人事《ひとごと》じゃないってこと！

ありのままを受けとめることが大事。この先、自分のことや、身近な人のことが分からなくなったらどうしよう、とのおそれはあるよ。でも、落ちこんでいるより、努めて人と接するように心がけています。

宗教や祈りも力を与えてくれるね。自分でできることをしながら、後は運命に任せ、今を生きるしかない。そう思っています」

と、述べたそうです。認知症の大家にこう言われたら、なす術《すべ》もありませんが、実際、そうかもしれません。

以前は「痴呆《ちほう》症」と表現されていましたが、長谷川先生が「認知症」と改称を政府に提案したそうです。

私自身も、最近、
一、年月日が一瞬分からない。
二、物忘れがひどい。
三、電話して、先方が出た途端《とたん》、用件を忘れる。
四、前の日に何を食べたか、時に思い出せない。
五、眼鏡をかけたまま、顔を洗おうとする。
といった行動が、増えてきたように思います。

ただ、徘徊、物盗られ妄想なし。怒らず、むしろ昔より優しくなりました。

したがって、まだ認知症にはなっていないようです。

お互い、気をつけたいものですが、認知症の大家でもなるのでは、どうしようもありません。まずは緊張怠らず、心身ともに健康に留意し、感動、感謝の心を忘れず、日々歩むしかないようです。

人生の幕引き

ある高僧が、

「しなぬ人一人《ひといちにん》もなし心得《こころえ》よ　臨終《りんじゅう》のこと大事《だいじ》也《なり》けり」

と、説いています。

――死は確実、絶対。それだけに、今のうちに死の心得を持つべき。――

ということです。

いつお迎えが来るか分からないのが人の常《つね》。

生あるもの、いつかは最期が訪れます。その時いかに対するか？　お互いに課せられた大命題です。

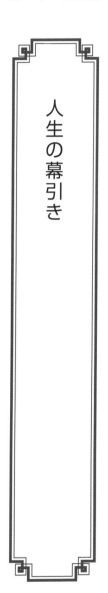

日本は「高齢化社会」となりました。それどころか今や「多死社会」の様相《ようそう》を呈《てい》しつつあります。

友人の訃報《ふほう》が、頻繁に届きます。その一人の医師。七十五歳の時、肝臓《かんぞう》がんが見つかりましたが、手術はしませんでした。がんの進行状況は十分に把握していたようです。治療方針もすべて自分で決め、死にいたるまでどのように生きるかの人生設計を立てました。

約四年、がんとともに歩んできましたが、ついに亡くなりました。

死の一ヵ月前まで、診療を続けていたそうです。

臨終当日、夫人と息子さんに、

「十分に生きた！　世話になった。もう逝っていいかな？　幸せだった。心から感謝する。有《あ》り難《がと》う」

笑顔で別れの言葉を述べ、一仕事終えたかのように息を引きとったそうです。

すばらしい臨終です。大いに見習いたいものです。

もう一人の友人。

末期がんで手の施《ほどこ》しようもなく、一切の治療を拒否。自宅で病床についていましたが、しばらくして亡くなりました。

亡くなる前、

「我が人生、悔いなし。感謝、感謝」

と、言ったそうです。

二人とも「感謝」の言葉を述べました。

死を前にして、このような心境になれたら最高です。

生に思いを致すのは、まだ人生に未練があるからだろうか。

他のため、己《おのれ》のために懸命に生き、充分に燃えつきると、生への執着がなくなり、真の安心立命《あんしんりつめい》の境地を得るようです。

仏教経典・法句経《ほっくきょう》に、

「人の生を受くるは難《がた》く、やがて死すべきものの、生命《いのち》あるは有難《ありがた》し」

と、あります。

「有り難う」の語源といわれています。

若い時、健康な時は、さほど生命の尊さ、有り難さが分からないものです。

ところが「やがて死すべきもの」と認識した時、生命の尊さ、遅ればせながら、生きていることの有り難さを実感するのかもしれません。

◇　◇

死を覚悟した、ニューヨーク在住の高齢者の女性信徒の話です。

――死は生あるものの当然の理《ことわり》。私にとり、このことは許されて旅立つ「喜びの門出」でございます。日頃、子どもにも、その時は赤飯を炊いて祝ってほしい、と申しつけております。長い闘病生活では、時に迷うこともあります。そのときは一心に法華経《ほけきょう》を念じ奉り、御仏《みほとけ》にすべてを委《ゆだ》ね、過ごしてまいります。――
死を前にしての、澄みきった悟りの境地です。
間もなく、すべてを御仏にお任せし、従容《しょうよう》として死を迎えました。
生あるもの、いつかは命がつきる。その時、来し方をふり返り、
「悔いがなかったといえば嘘になる。悲しく、辛いこともあった。
でも、喜びもたくさん！　幸せだった。はい、さようなら」
と、にっこり笑って目をつぶれたら……。
「ささやかではあるが、一隅《いちぐう》を照らす灯火《ともしび》となり得た！」
と、自分を肯定できたら……。
もし、
「自分のなしたことで誰かが喜び、その喜びが我が喜びとなった！」
と、自覚できたら……。

「多くの支えがあればこそ、生きてこられた。いや、生かしてもらった。すべてを委ねる人たちがいたのだ。心から信じ、すべてを任せきる神、仏がおられる」と、確信を得たら……。心穏やかに死を迎えられるのではないでしょうか。

誕生は、死に向かっての第一歩。しかも、ゴールの定まっていない道のり。その間をどう歩むかによって、すばらしいゴールが待ち受けているのです。

大切な道のりであるにもかかわらず、つい無駄に過ごしがち。

未来に夢も持てず、日々、不平、不満。今あることは当たり前。感謝もない。

それゆえに、己に、人生に、価値を見出せない。

何のために生きているのか、と思うと、自己嫌悪。

しかし、人は生きているだけで価値がある。何らかの意味があるのです。

もし、それが認識できれば、やがて最後の旅立ち、心穏やかな死を迎えることでありましょう。

詩人の茨木《いばらぎ》のり子《こ》さんは二〇〇六年、脳動脈破裂で急逝しました。

遺書に、

「あの人は逝ったか！　と一瞬、たったの一瞬、思い出してくだされば、それで十分でございます」

と、あったそうです。

多くは語らずとも、彼女の気持ちが込められているような気がします。

十分に生きた、という満足感を感じます。悔いのない一生だったのでしょう。

人生、山あり谷あり。苦しみ、悲しみは避けることのできない世の常、人の常。

その中にあって、まず苦しみを受《う》け容《い》れ、乗りこえる。

やがて「難有《なんあ》って有《あ》り難《がた》い」と、喜びを見出す。安心《あんじん》、穏やかなる死を迎える。

こうした在りよう、生きようが、私たち人間の大事な命題ではないでしょうか。

また、そうありたいものです。

◆遺言

死は人の世の常。しかし、己一人《いちにん》のことだけではすまされません。
自身の今日まで歩んできた在りよう、生きよう、さらに最期の姿を後の者に、
しっかりと伝える責務がある、という自覚を持たなければなりません。
数年前、ある信徒が亡くなりました。
この方には、娘さん三人、息子さん一人、四人の子どもがいます。
「遺言」をのこしました。
――いよいよ、封を切る時が来ましたね。
あなたたちが、この遺言を手にする時、父《とう》さんはすでにこの世にはいません。
親はいずれは先に逝くもの。取りみださないで、冷静に対処してください。

父さんは自分なりに、一生懸命生きました。

母《かあ》さんのこと、子どもたちのこと、夫として、父として、いたらぬ点は多々ありましたが、楽しい、満足の生涯でした。お礼を言います。御仏《みほとけ》に支えられ、喜んで旅立ちます。ですから、喜んで、父さんを送ってください。

みんな、いつまでも仲良く、力を合わせていくことが、父亡き後、大切なことです。父の念願するところであります。

お骨は、先に旅立った母さんと一緒にしてください。

父さんがもっとも望むのは、きょうだい皆がこのご信仰を忘れないことです。

母さんもご信仰に支えられ、生涯を過ごしました。ご信仰に守られて、静かに旅立ちました。

父さんも、これから御仏にともなわれて死に臨《のぞ》みます。

人はかならず最期を迎えるものです。お前たちも、最期を迎えた時、来し方をふり返って「よい生涯だった」と思えるような、悔いのない人生を過ごすよう、心がけてください。――

すばらしい遺書です。

現在、遺言通り、四人の子どもたちは、それぞれの置かれた立場の中で、親の思いをしっかり受けとめ、信仰を持《たも》っています。

葬儀の時、こんなことがありました。

いよいよ最期のお別れの時。外見は今ふうの若者ですが、孫の一人が突然あたりをはばからず、堂内割れるような大声で一言、お棺にしがみつき、

「おじいちゃん！」

と、叫びました。

感動的な、涙をもよおす光景でした。

さらに出棺のおり、喪主であるご長男が、

「父は信仰のお陰で、すばらしい臨終の姿にしていただき、八十六年の生涯、まさに悔いなし、という感じです。息子として心から自慢できる〝オヤジ〟です。どうか、出棺の時、拍手で送ってやっていただけないでしょうか」

と、挨拶されました。

参列者全員、拍手をもってお送りしました。これまた、感動的な光景でした。

彼は、子どもたちに心の宝である信仰を、しっかりと伝えました。

子どもたちもまた、しっかりと受けとめました。

人はいろいろな思いを持って生きるものです。

また、死に臨み、その思いを後の者に託したいと思うのではないでしょうか。

後に残る者は、故人の生きよう、在りよう、死に臨んでの思いをしっかりと受けとめることが大切なのです。

◆人は二度死ぬ

ドラマ、映画で活躍した俳優・故緒形拳《おがたけん》さんが、死の前、

「死ぬということは、人の心の中に生きるということ」

と、言いました。

また、お婆ちゃんを亡くしたある小さな孫が言いました。

「あーあ、お婆ちゃん死んじゃった！」

お爺ちゃんが言いました。

「『お婆ちゃん死んじゃった！』じゃないよ。死んじゃって、お前の心の中にいるんだよ。爺ちゃんの心の中にもいるんだよ。死んじゃって、いるんだよ」

と言ったそうです。

お互い、何か事をなした時、亡き人の顔がふと浮かぶ。

「あの人がここにいたら『良くやった！』と、喜んでもらえるのに……」

と、さびしさを感じたりする。

間違いを犯した時、

「こら！　いったい、お前は何をやっているんだ！」

と、怒られたり。

失敗して意気消沈している時、

「大丈夫だよ。誰でも失敗はあるよ。がんばりなさい！」

と、なぐさめられ、勇気づけられる。

良きにつけ悪しきにつけ、その人を思い出すということは、その人が自分の心の中に生きているということではないでしょうか。

人は二度死ぬ、といいます。一度目の死は、肉体の死。二度目の死は、人々の記憶からなくなる時です。忘れられた時です。

心の中に生き続けているかぎり、会えなくても、話せなくても、静かに耳をすますと、優しい声、叱る声、なぐさめ、はげましの声……、色々聞こえてきます。先立たれた家族、知人、友人……。亡くなっていても、その存在を意識し心に描くことで、身を律《りっ》し、戒《いまし》め、勇気づけられ、我が道を歩むことができる。

誰にでも、そのような心の中に生き続けている人が一人や二人、いるのではないでしょうか。もし、誰もいないということならば、さびしい、悲しいことです。

たった一人でも、心の中に気にかかる人がいるということは、幸せです。

気にかかる人に、守られているともいえます。

私たちの心の中に生きている大切な人と、改めて向きあい、会話し、自らをふり返ってみたらどうでしょうか。

少なくとも、忘れることのないようにしたいものです。

灯火念々《とうかねんねん》

日本人の平均寿命が男女ともに八十歳をこえています。女性にいたっては九十歳にせまる勢い。いずれ、百歳をこえる時代になるのではないでしょうか。

要因はいろいろでしょうが、なんといっても医学、医療、福祉、食、住などの充実が挙げられます。

二〇一六年、iPS細胞から眼球を作り、そっくり入れ換える実験に成功し、近い将来、実際に役立てることができるようになった、という発表がイギリスの総合学術雑誌「Nature」電子版に掲載されました。特に緑内障《りょくないしょう》、黄斑《おうはん》変性症で悩んでいる人には、朗報だそうです。

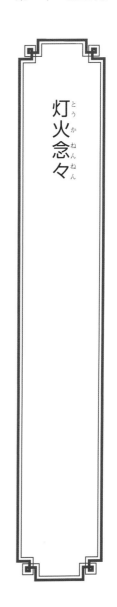

それはともかく、今でも耳には補聴器。目は眼鏡、コンタクトレンズ。歯は入れ歯、インプラント。心臓はペースメーカーに、人工弁、ひと頃はウシ、ウマ、ブタの弁が主流。場合によっては心臓丸ごと交換。

腎臓《じんぞう》、肺、肝臓《かんぞう》、膵臓《すいぞう》、小腸《しょうちょう》、骨髄《こつずい》……、皆、他人《ひと》さまのもらい物。

歩けなくなったら人工関節《かんせつ》。なんだか、自分であって、自分でない……。

人間だから可能で、動物だったら？

トラやライオンが眼鏡をかけて、耳に補聴器。入れ歯に、ペースメーカー。膝《ひざ》は人工関節……。もういけません。その中の一つでも悪くなったら、餌《えさ》を獲《と》れません。もはや死ぬ運命です。

人間は医療の大進歩で、大抵の病気は治ってしまう。

本当は、耳が遠く、目は見えづらく、物がかめなく、歩行困難になったら、そろそろ死ぬべき運命が迫っている、と自覚しなければならないのかもしれません。

自覚があれば、残された日をいたずらに過ごさぬよう心がけることもできる。「我が人生悔いなし」と死に赴《おもむ》くことができるかもしれません。

◇　◇

明治時代の初期に活躍した歌人、正岡子規《まさおかしき》。

不治の病と言われた結核にかかり、二十一歳の若さで大喀血《だいかっけつ》をしました。

一九〇二年、満三十四歳で亡くなりました。

亡くなるまでの約半年『病牀六尺《びょうしょうろくしゃく》』と題して、随筆《ずいひつ》を新聞に連載しました。

死の三ヵ月前、六月二日の日記です。

――余は今まで、悟りということを誤解していた。悟りということは、いかなる場合にも平気で死ぬること、と思っていたのは間違いで、悟りということは、いかなる場合にも平気で生きているということであった。――

死を目前にしてなお、よりよく生きるよう心がけることが真の悟りであると受けとめたのです。多くの俳句、短歌、随筆を書き残し、人々に光と明るさと安らぎ、勇気をもたらしました。

仏典（涅槃経《ねはんきょう》）に、

「灯火《とうか》は念々《ねんねん》に滅《めっ》するといえども、光《ひかり》ありて暗冥《あんみょう》を除《のぞ》き破《やぶ》る」

と、あります。

――蝋燭《ろうそく》の灯《ともしび》は、一瞬一瞬我が身を削りながら光をもって暗闇《くらやみ》を照らす。――

という意味です。

蝋燭に太い、細い、長い、短いの違いがあるように、人の一生にも違いがある。太く長い一生もあれば、太く短い一生もある。細く長い一生もあれば、細く短い一生で終わることもある。

人さまざまですが、与えられた一生、人々に明るさをもたらすためには、身を削る覚悟を持たねばならない。

この世に生まれ、やがて死を迎えるまで一瞬一瞬、まわりを明るく照らすべく心がける。灯し続けて最後、フッと消えたいものです。願わくば、不幸、挫折、苦しみなどの風に当たり、途中で消えるようなことのないようにしたい。少なくとも、自らの意思で消してしまうようなことだけはないように。この世に生を受けた瞬間から光を灯す。この灯火を絶やすことなく、最後まで光を灯し続けたいものです。

苦しみ、不幸、悲しみがあるのが人生。しかし、そうしたことがあればこそ、他人さまの親切も身に染みる。謙虚になり、何事も「感謝」「お陰さま」という心を持って、人に接するようにもなった。その結果、人に喜びをもたらした、と思えば、病もよし、老いもよし、苦もよしです。

つねに感謝、喜びを持って、今日の一日、この一瞬、少しでも光を放ち、他に明るさをもたらすよう、心がけようではありませんか。

四十代後半の女性信徒の話。

乳がんと診察され、摘出《てきしゅつ》手術を受けました。リンパも取りました。その後、再発し、二度目の手術を受けました。ところが再び、肝臓にがんが見つかり、三度目の手術。半年間にわたり、入退院をくり返しました。お陰さまで、今日まで約十年、病と闘いながらも、一生懸命がんばっています。

彼女が、次のようなことを述べています。

――日頃、ご法さまから授かった身体と、命と思っていました。病を得てからは、授かったのではなく、仏さまからお預かりしている身体、命と思い始めました。お預かりしたものは、いつか、お返ししなくてはなりません。その時が来るまで大切に、しっかり生きなければいけない！　と思っております。――

与えられた命をしっかりと生ききることが大切、と悟ったのです。

がんばることにより、家族に、まわりの人たちに勇気と灯《ともしび》を与えています。

灯火念々について、次のような話があります。

知人の医師が若くして急逝しました。

国立大学の医学部で学び、ボート部に入り、心身ともに頑健な男でした。

名医の評判も得、難しい手術の時は、仲間の医師から頼まれ、文字通り止暇断眠《しかだんみん》、寝る間もなく働き続け、睡眠時間は四時間を切っていたそうです。これらのことが、テレビに取りあげられたほどです。その彼が、四十五歳で亡くなりました。

五月のゴールデンウィーク、久しぶりに休みが取れ、中学三年生の一人息子と二人で沖縄に行き、スキューバダイビングに興じていました。

何度目かの潜水の時、異変を感じた船上の人が引きあげた時、口から泡を吹き、すでに心肺停止の状態でした。

息子さんは、声をかぎりに遺体にとりすがり、泣き叫びました。

葬儀も終わり、遺品を整理していたところ、メモが発見されました。

メモには、
「『灯火念々』は私の座右の銘。生き続けるかぎり、こうありたい」
と、したためられていました。
四十五歳、まさに太く、短い人生でした。
短い人生ではありましたが、多くの人たちに喜び、感謝、希望をもたらした。
大きな灯《あか》りを煌煌《こうこう》と照らし続け、最後、パッと消えたのです。まさに灯火念々。

第二章　姿勢

天職

「天職」と題した、ビルの窓ガラスを清掃する作業員の話の原稿を、パソコンで作っていた時のことです。

私の斜め後ろの窓ガラスを、職人さんが拭き始めました。

二十代前半の若者です。後ろを通りすぎたので、

「職人さん。ちょうど、君と同じ職業の人に関しての話なので、ご覧なさい」

と、声をかけました。パソコンに、

――「ある女性が街を歩いていた時、高層ビルでゴンドラに乗って窓ガラスを拭いている作業員を見上げ『なんだか申し訳ない。ピッカピカ!』とつぶいた」

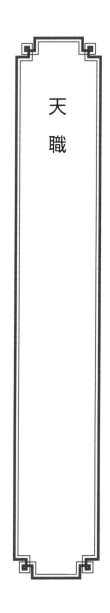

世の中は、誰かの「見えない働き」によって支えられ、維持されている。ゴンドラの作業も、誰もいなかったら、町中のビルは埃《ほこり》だらけ。世の片隅にあって、細《ささ》やかな灯火《ともしび》を灯す人はなくてはならない存在。これこそ尊い天職。ただし、本人が「なんで、ビルの外側にぶら下がって掃除しなきゃならないのか⁉ 他に仕事はないのか⁉」と思ったら、それは天職でなくなる。——

このように入力していたところです。彼は嬉しそうでした。

しばらくして仕事が終わり、帰る時、大きな声で、

「失礼します！　仕事が終わりました。これから帰ります！」

来た時は、小声で挨拶をしながら入ってきたのに、帰る時は人が変わったよう。実に清々《すがすが》しい、謙虚な態度で挨拶したのが印象的でした。

どうやら、自分の仕事が他から必要とされ、大切な仕事と思われている、と感じたようです。

作家・吉川英治《よしかわえいじ》（一八九二〜一九六二年）は「職業に貴賎《きせん》はない。どんな職業に従事していてもその職業になり切っている人は美しい」と述べています。

ある女性信徒の話です。

——社会人となり、三十年目を迎えました。その間、産休をのぞき、病気や怪我での長期休暇もなく、ここ二十年は健康面で休んだことはまったくありません。

人間関係で嫌な思いをしたこともありません。

何より仕事が好きで、三十年勤め「今日は行きたくない」と思ったことなど、一度もありません。まさに天職と思える仕事にめぐり会えました。

これほど、好きな仕事ができることに、心から感謝しています。

好きな仕事に出会い、三十年。毎日生きがいを持って働くことができたのも、何よりもお陰さまです。私には、何があっても御仏《みほとけ》にお守りいただいているという、強い心の支えがあります。いつでも、どんなことにもまず感謝する。

喜ぶ。信仰を通じて、感謝、喜ぶことの大切さを学びました。

　ゆるぎない愛情で満たされている家族がいます。

　信仰と家族が私の源です。宝です。日々感謝です。――

このような内容でした。

彼女は、天職と受けとめたとありますが、最初から天職と思えたのでしょうか。

私も、僧侶であることを天職と思っています。

お陰さまで僧侶という仕事を通して、喜ばれ、感謝していただいています。

人さまに喜ばれている、と感じた時、実は、私自身が大きな喜びをいただいているのです。これ以上の喜びはありません。

もっとも、恥ずかしながら天職と思えるようになるまでには、長い時間がかかりました。それまでは結構悩んだものです。

いっぱしのことを言っているが、自分はいったいどうなんだ？

落ちこんだこともあります。失敗も重ねた。その度に悩み、苦しみました。悩み、苦しみを経《へ》て、次第に僧侶こそ我が天職と思えるようになったのです。

先ほどの女性は「最初から自分の仕事が天職と思えた」と述べていますが、長い間には苦しみ、悩んだこともあったのではないかと思います。

しかし、どんな時でもくじけず、精一杯仕事に没頭し、生きてきました。

多くの人から信頼され、喜ばれてきたからこそ、仕事を心から好きになり、仕事に誇りと生きがいを見出したのです。その結果、天職と思えるようになったのではないでしょうか。

大切なのは、与えられた立場の中で、与えられた仕事に熱中すること。

辛いこともある。失敗もする。挫折も味わう。それでも辛抱して、努力を重ねていくうちに、じわじわと面白さ、やりがいがにじみ出てくる。その時「天職」を得た、ということになるのではないでしょうか。

「一隅《いちぐう》を照らす、これ即《すなわ》ち国宝なり」という有名な言葉があります。

比叡山延暦寺《ひえいざんえんりゃくじ》を創設された伝教大師《でんぎょうだいし》の言葉とされていますが、実は大師が、唐《とう》の高僧・湛然《たんねん》の書物に出てくる話を引用したものです。

昔、斉《せい》の国の王さまが、

「私の国にはたくさんの臣が、それぞれの国境にあって、その一隅をしっかりと守っている。これこそ国の宝」

と、述べた話がもとになっているようです。

人はそれぞれの立場で一隅を照らす灯火になることが大切で、そういう人こそ国の宝。その人は、まさに天職を得ているということではないでしょうか。

◇　◇

毎年、春の訪れとともに、全国各地で桜がすばらしい花を咲かせます。

見事な満開の桜花ですが、あっけなく散ってしまう。

もし桜の花に、私たちと同じ心があったとすれば、どのような思いで花を咲かせ、そして散っていくのでしょうか。

桜は満足しているのか、悔いているのか、知る由《よし》もありませんが、もし私が桜なら、決して悔いはしないでしょう。

なぜならば、数日間ではあるが、十分に花を咲かせることができたからです。精一杯生きたのです。多くの人々の心を癒《い》やしました。満開に花開くという自分の務めを立派にはたしました。

桜だけではありません。ウメ、ツバキ、サザンカ、ツツジ、アジサイ、ハギ、はては名も知れぬ花々。春・夏・秋・冬と、色とりどりの花が咲きます。

見えない土の中で、懸命に根を張り、芽を出し、やがて花を咲かせる。見られようが見られまいが関係ない。冬、厳しい寒さに耐え、夏、日照りに耐え、風雨にも耐え、不平も言わず、ひたすら咲かせ続ける。

なぜだろうか？　自分たちの務めだからです。

務めをはたした花たちは、きっと満足して散っていくことでしょう。

さて、私たちはどうか。

人は、それぞれこの世で、はたすべき役目を持って生まれて来ます。

生あるものは必ずいつか散り、滅びる時が来る。しかし、精一杯、花を咲かせるべく努力をした人、よりよく生きるためにがんばった人には悔いはない。

死を迎えて後悔するのは、花を咲かせなかったことにではなく、咲かせようと全力をつくさなかったことです。

◇　◇

世の中のありようを、演劇の舞台にたとえてみましょう。

主役は欠かせないが、脇役も必要。照明、大道具、小道具など、観客の目に触れないところで働く人たちの力が集まって、一つの舞台は成り立っています。

各々《おのおの》、与えられた役割をはたすことによって、すばらしい作品が完成し、観客に感動を与えるのです。

世の中を構成している一人一人が、本分をつくし、補い合っていくところに、よりよい社会が築かれるのです。そのためには、さまざまな役割が必要となる。大事なのは「この人しかいない」と言われるほどに、置かれた立場の中で持てる力を精一杯発揮することです。この時ほど充実感を味わえることはありません。どの世界にも、輝かしい功績を残し、人々から賞賛され、誰が見ても成功者といわれる人はいます。いわゆる、その道の一番の人です。

では、二番以下の人たちは輝いていないのか？　といえば、そうではない。むしろ、世の中を支えているのは、こうした人たちの存在、努力があってこそ。まさに「一隅を照らす」です。人には、必要とされる場所があるはずです。その場所を見つけることです。これが、天職です。

第三章

思いを変える

有り難うございます

私ども獅子吼会《ししくかい》では「有り難《ありがと》うございます」と、挨拶を交わします。

人間は、言葉を使う唯一の生きもの。多くの言葉を用いて文明を起こし、文化を発展させ、互いに交流を深めました。その中でも、最も大切な言葉の一つは、「有り難う」です。「有り難う」には、いくつかの意味が含まれています。
①感謝、喜び、感動を表す。
親切にしてもらった時、他から施《ほどこ》された時など、感謝の心を込めて「有り難う」。
人に親切にした時、何かを施した時も「有り難う」と言われる。
「有り難う」は万国共通。

英語は「サンキュー」、中国語は「シェイシェイ」、韓国語は「カムサハムニダ」、スペイン語は「グラシアス」、ドイツ語は「ダンケ」、イタリア語は「グラッチェ」、フランス語・ペルシャ語は「メルシィ」など。

「有り難う」は、人と人とを結びつける大切な言葉。人とだけでなく、この世に存在する、あらゆるものに対して「有り難う」の心を持ちたいものです。

感謝しなくともよいものなど、何一つありません。

「有り難う」と、感謝の心を込めて、一日一日を過ごすことが大切。

何気ない他人《ひと》さまの気配り、優しさ。道ばたに咲く名もない草花。夜、空を見上げると、丸い月、欠けた月、キラキラと輝く星々……、あらゆるものに感動し、感謝する心こそ大切です。

ご先祖、過去に生きた大勢の人々のお陰さま。神仏、あらゆること、ものに、感謝の心を持ち、「有り難うございます」は欠かせません。

②「有り難う」は「有り難《にく》い」とも読む。

普通のことが普通にできることは、当たり前ではない。一つ一つの出会い、出来事はすべて有り難《にく》い。有り難《にく》い今を生きていることに、心から感謝。

二〇一一年三月十一日・東日本大震災。

岩手県に住む小学校三年生の少女の母親が、津波で流され、遺体となって見つかりました。少女は母親に取りすがり、さんざん泣き続け、涙が涸《か》れた時、一言、

「三月十日まではいい日だったね！」

と呼びかけました。

「いい日」とは「特別でもなんでもない。学校に行き、勉強し、友達と会い、家族に囲まれ……」という普通の暮らしを指しての言葉だったのでしょう。

三月十日までの普通の日が、突然普通の日でなくなったのです。

私たちもまた「普通のことがこんなにも幸せで、すばらしいことか」と実感し

ました。普通のことが、大震災で一瞬にして奪《うば》われてしまったのです。家族、友人との突然の死別など、人生の儚《はかな》さも思い知らされました。

世の中には、安心して暮らせる日などなかったのです。普通のことが普通にできることは、当たり前でもなんでもない。一つ一つの出会い、出来事は、すべて有り難《にく》い。その有り難《にく》い今を生きている、生かされているということに、心から感謝して「有り難うございます」と言おうではありませんか。

③「有り難う」は、さかさに読めば「難有《なんあ》って有《あ》り難《がた》い」

人生、よいことばかりではない。むしろ辛い、苦しい、悲しいことなど、自分にとって不本意なことの方が多い。でも、それらはやがて喜び、楽しみを生み出す産みの苦しみ、試練、成長の糧《かて》。このように思いを変えて「有り難う」とお互い感謝しましょう。

「難有って有り難い」とは、こういうことです。

がんを発症し、入院、手術をした女性信徒が、次のように述べました。

――胃と脾臓《ひぞう》を全摘。膵臓《すいぞう》にも転移、可能なかぎり切除。リンパにも転移。

告知を受けた時、頭の中が真っ白になり、一晩、病室で泣き明かす。

やがて、思いを変えた。

「がんになったのは自分じゃないか！　逃げるわけにはいかない。真正面から向き合い、まず病気を受《う》け容《い》れよう」

ごく自然に、思いを変えることができた。その途端《とたん》、喜びがわいてきた。

手術も無事に済み、仏さまの有り難さはもちろん、多くの人たちの優しさを、これほど身に滲《し》みて感じたことはなかった。

コップ一杯の水の、なんと美味しく、有り難かったことか。

朝、目を覚まし「生きているんだ！」と思った時、生きているのではなく、生かされていることに気がついた。何から何まで、感謝、感謝！

今は「がんになってよかった！　お陰で、本当の喜びを持てた！　生かされている命、これからは少しでも人の役に立ちたい」と、心から思っている。——その後、無事退院し、しばらくして午前中だけパートで働く。午後はなんと、介護ヘルパーの資格を取るために学校に通い始め、資格を取得。

きっかけは「がんになってたくさんの人に支えられた。いただくだけの人生ではだめ。他に与えることをしなければならない！」とのことです。

資格取得後、病人の家を訪問し、介護、掃除、洗濯、炊事、話し相手などの日々を送りました。残念なことに、一年二ヵ月後、がんが再発してしまったのです。臨終《りんじゅう》の時「やるべきことはすべてやった。我が人生悔いなし」といわんばかりの、実に安らかな最期を迎えました。すばらしいことです。

「有り難う」の感謝を忘れず、また、いかなる時にも「難有って有り難い」と喜びに思いを変え、人生前向きに、明るく、日々歩みたいものです。

二〇一六年、ブラジル・リオデジャネイロでオリンピックが開催されました。日本人選手の活躍がテレビ、新聞で報道され、日本中が血湧《ちわ》き、肉躍《にくおど》りました。オリンピックの閉会式は感動！　スーパーマリオに扮《ふん》した安倍晋三《あべしんぞう》総理大臣が東京から土管《どかん》を伝って、地球の反対側のリオデジャネイロに現れたのには、驚きました。傑作でした。復興と感謝をテーマに、英《えい》・仏《ふつ》・日《にち》・葡《ほ》（ポルトガル）、四ヵ国語での「ありがとう」の文字が映し出されたのも、感動。

三つの意味が含まれての「ありがとう」。

一、東日本大震災に、世界の人々からいただいた支援に対して「ありがとう」

二、次回オリンピックの開催地に東京を選んでいただき「ありがとう」

三、ブラジル・リオデジャネイロに対し、すばらしい大会を開催していただき「ありがとう」

四ヵ国語で表現した、感謝と喜びが込められた「ありがとう」です。

選手たちも「支えてくれた人に」「応援してくれた人に」「チームの仲間に」「テレビを見ている人たちに」などと、一様に感謝の言葉を述べていました。

他からのお陰さま、支えがあっての自分、という古来日本人が大切にしてきた価値観が、今の若者たちにもしっかり受け継がれていると感じ、感動しました。

「有り難う」は、人と人とを結びつける大切な言葉。人とだけではなく、あらゆるものに対して「有り難う」と言える心を持ちたいものです。

「有り難う」は言うほうも、言われるほうも嬉しい言葉、人を結びつける言葉。

「有り難う」をたくさん言う人、言われる人は幸せなのです。

苦難、失敗、挫折はつきもの。人の世にあって必然。強く、たくましく育ててくれる糧と受けとめれば、これまた感謝。

喜び、成功、順風満帆は、当たり前ではない。多くの支えがあればこそ、と謙虚に受けとめ、感謝する。いかなる時も感謝、感謝の日々を過ごしたいものです。

失敗は成功への糧《かて》

知人のお嬢さんの話です。

小学生の時、プロ棋士を目指し、小学校五年生から五年連続でプロ採用試験に挑戦しましたが、もう一歩のところで夢をはたすことができません。

中学三年の時は、惜しくも二位でした。選りすぐりの者同士の競争で、しかも一人しか採用されない、厳しい世界です。落ちこみました。

彼女に次のように話しました。

――今度こそは！　と、臨《のぞ》んだ五度目の挑戦に失敗して残念だったね。

なんでもそうだけど、その時の失敗が、長い目で見るとよかったということになることもある。目先の失敗、成功にとらわれてはいけないよ。先にいかなければ本当のことは分からない。

五回も失敗して辛いよね。でも、自分を鍛《きた》えてくれる試練と思いなさい。「有《あ》り難《がた》い」という字は、逆さにすれば「難有《なんあ》る」と読めるじゃないか。「難有《なんあ》って有《あ》り難《がた》い」という精神を持って、がんばりなさい。今の君の失敗は、いずれ必ず、すばらしい成功をもたらしてくれると信じて、諦《あきら》めないように。――

やがて中学を卒業しましたが、驚いたことに高校進学はしませんでした。プロ棋士を目指して、囲碁一筋の人生を歩みたいということで、一日十時間の特訓と勉強を重ねました。

さて、六度目の挑戦。全勝優勝で、十六歳にしてプロ棋士になりました。

彼女は、悔しい思いをし続けてきたことでしょう。それでも、囲碁が好きでたまらず、夜中まで囲碁の勉強。少しも苦でなかったそうです。すごいことです。

失敗の連続が、大きく進歩、成長させる、すばらしい苦労、糧《かて》、肥やしとなったのだと思います。

とかく失敗を重ね、苦労を重ねると、心がしぼみます。消極的にもなります。諦めてしまうことが多いのではないでしょうか。

しかし、彼女は諦めなかった。「難有って有り難い」という精神をしっかり受けとめ、成功のための失敗を重ねているのだ、と受け容れたようです。

成功のための肥料を、せっせと心にまき続けたのです。

プロになって半年足らずで、中国主催の女流囲碁世界大会に招待されました。予選で並みいる先輩たちを倒し、三人の日本代表の一人となったのです。

中国、日本、韓国、台湾など数ヵ国の選ばれた代表が集まっての大会です。

驚き、感心し、褒《ほ》め称えたところ、母親いわく、

「お陰さまと感謝しております。娘が落ちこんでいた時『難有って有り難い』

という精神で再挑戦しなさい、と言われました。それ以来『難有って有り難い』を心に言い聞かせて、碁の勉強をしてきたようです。もし、順調に合格してしまったら、慢心し油断もしただろうし、代表にも選ばれなかったと思います。私も、娘も、本当に難有ってこそお陰さま、という思いでいっぱいです」

とのことでした。

将来、超一流の女流プロ棋士になること間違いないでしょう。

◇　◇

明治時代の仏師、松久朋琳《まつひさほうりん》（一九〇一～一九八七年）の話。

十歳から仏像彫刻を始めて亡くなるまでの七十数年間、食事以外は、ほとんど彫刻刀を手放さなかったそうです。その間、彫った仏像は、五千体とも八千体ともいわれています。

朋琳は弟子たちに、

「仏像に対して祈りの心を込めて彫ることこそ、根本とすべき心構え」

と、口やかましく言い続けたそうです。

もちろん朋琳にも、修行時代がありました。その時、親方から、

「下積みがないと、立派な彫刻師にはなれんぞ！　失敗をおそれるな。何度も失敗を重ね、悔しい思いをしてこそ上手くなるんだ。進歩するんだ！　そうやってこそ、木の心が分かってくるのだ」

と言われ続けたそうです。

人生、さまざま。失敗、挫折、辛い、苦しいはつきもの。しかし、これは試練！　喜び、幸せ、成功を生み出す産みの苦しみ、と受けとめ、しっかりと歩みたいものです。常に謙虚、祈りという心を持つことも大切です。

「失敗は成功への糧」とは、このことです。

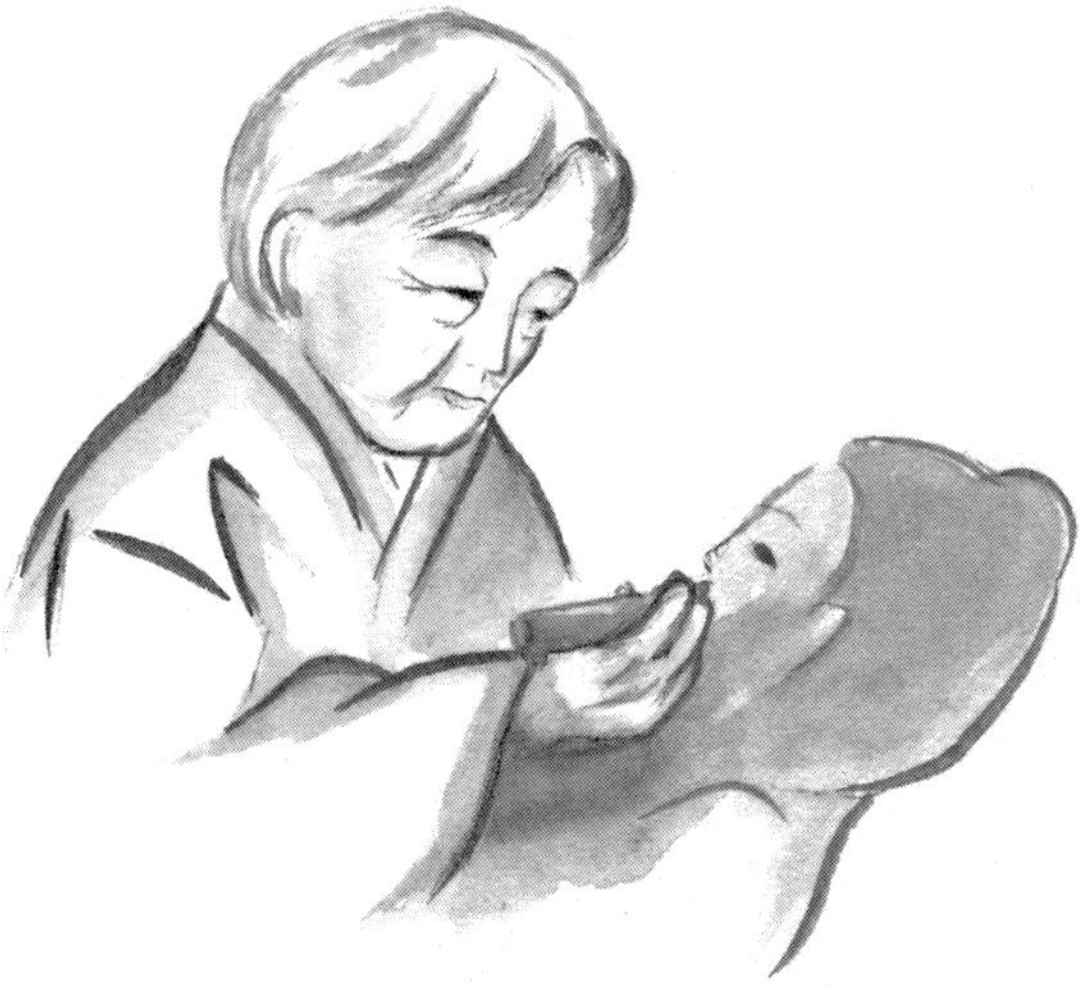

怯《ひる》まず驕《おご》らず

毎年、新年初頭に、信徒に対し、その年一年の指針を発表します。

二〇一八年の指針は「苦《く》に怯《ひる》まず　楽《らく》に驕《おご》らず　一心《いっしん》に歩《あゆ》む」です。

――いかに苦しかろうが怯まず負けず、いかに楽に会おうとも驕らず慢心せず、一心に我が道、我が人生、与えられた道を歩もうではないか。――

ということです。

二〇一七年、大相撲初場所で、貴景勝《たかけいしょう》が小結《こむすび》に昇進しました。

インタビューで「勝って驕らず、負けて腐《くさ》らず」と、述べていました。

まさに「苦に怯まず、楽に驕らず、一心に相撲道にはげむ」です。

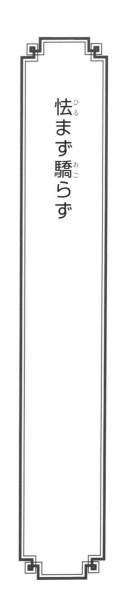

人は「幸せでありたい」と望むものです。望んではみるものの、苦しみ、悲しみの不幸の波に襲われるということもあります。憂き節多いのが人生です。苦しみ、悲しみはつきもの。それを知る人間にして、他人《ひと》の悲しみを知る。他人の悲しみを知ってこそ、心豊かな人間になれるのではないでしょうか。

苦も楽も表裏一体。苦を知らずして、楽、喜びは味わえない。いささかの苦労を味わうことなく順風満帆の人は、人の苦労を分からず、自身の喜びも知らない。

「すべての逆境は、それに応ずる、より大きな利益を生み出す種を宿している」という言葉があります。

不幸、逆境を経《へ》て、強く、豊かな厚みのある人間になれるのではないだろうか。

不幸が分かると、幸せが分かる、と思えば、不幸も決して悪くはない。

大切なのは、不幸を不幸として受けとめるだけではなく、不幸の中に潜んでいる幸せを感じとる力を養うことです。

二〇一七年七月、聖路加《せいるか》国際病院・名誉院長の日野原重明《ひのはらしげあき》先生が、百五歳で亡くなりました。京都大学医学部一年の時、肺結核となり八ヵ月間ベッドに寝たきりの状態となりました。順調に歩んできただけに、大きな挫折でした。一年にわたる闘病生活を経て、幸い、病を克服し、ふたたび医師の道を歩みました。後年、

「大病のお陰で、心臓の音を聞き、脈を診るだけでなく、患者さんの心を診ることのできる医者になれた。あの時の挫折がなかったら、ただ心臓の音を聞き、脈を診るだけの医者だったかもしれない」

と、述懐されました。

苦しみが、病が、悲しみが、人を成長させ、ふくよかさをもたらす。謙虚さをもたらす。謙虚は、順境な時には、身につけることが難しいのです。

苦も、悲しみも大切。いかなる苦しみも怯まず。いかなる楽も驕らず。

苦楽ともに人生にはつきものと受けとめ、与えられた道を懸命に歩みましょう。

◆大石《たいせき》は逆流にさかのぼり、大人《たいじん》は逆運にのぼる

東洋大学の創立者・井上円了《いのうええんりょう》氏に、次のような言葉があります。

「大石は逆流にさかのぼり、大人は逆運にのぼる」

氏が長野県に行った時、案内されて山道を歩かれたそうです。途中、渓流の真ん中に大きな岩石があるのを見て、案内人に、

「これだけ大きければ、どんな洪水でも流されないだろうね」

「いやいや、もとは、もっと下流にあったんですよ。それが、大水が出るたびに何十年もかかって、段々と上にあがってきたのです」

「なぜだね？」

「大水が出ると、上の方から激流が岩石にぶつかります。その時、石の底の、

泥や砂、小石が削られます。そうすると、岩石が上流の方にコロリと傾きます。

また、大水。底の泥などが削られて、またコロリ。

こんな具合で何十年、何百年かかって、大水が出るたびに下の泥が削られて、転がりながら、上にのぼってきちゃったんです」

「驚いたね！　普通の大きさの石や岩なら、激流に対すれば、みな流されてしまうのに、大石のみは激流にあっても流されず、むしろ上流に向かってのぼるとはね！　人間も同じだ。逆境、激流に対すれば、凡人は萎縮して敗北へと流されてしまう。大人は、逆流、逆境が激しければ激しいほど、打ち負かされず、逆に立ち向かう。こうありたいものだ」

と、つくづく感動したそうです。

そこから「大石は逆流にさかのぼり、大人は逆運にのぼる」という言葉が出たそうです。「人は苦難に遭《お》うた分だけ成長する」とはこのことです。

生きる意味

二〇一六年四月十四日、熊本、大分で震度七の大地震が起こり、大被害が生じました。堅牢《けんろう》、不壊《ふえ》と思われていた熊本城が、鯱《しゃちほこ》も落ち、天守閣の瓦《かわら》も落ち、無惨な姿をさらしました。

テレビのインタビューで、小学六年の息子さんを持つ四十一歳のお父さんが話していました。

――「生きるとはどういうことか?」と題した、息子の作文に、

「今までの暮らしが当たり前と思っていたけど、当たり前ではなかった。

今のぼくにとって、家族そろって仲良く、温かいご飯とみそ汁を食べること

が生きることだ！」

と書いてありました。

多くの物を失いましたが、得るものもありました。それは、家族の大切さと、家族が深い絆で結ばれているということです。それに、息子の成長です。――

息子さんは、当たり前のことは当たり前ではない。有り難《にく》いことなのだ受けとめたようです。これからの人生、いろいろなことがあるでしょう。いかに苦しく、辛いことがあっても、おそらく逞《たくま》しく乗りこえられるのではないでしょうか。

この体験を通して、貴重なものを手に入れたようです。

豊か、平和、何不自由ない暮らしばかりがよいとはいえません。

災害で多くのものを失いましたが、大事なものを手に入れもしました。それは、人間として、真の生きる意味ではないでしょうか。

何のために生きるのか？　生きる意味、意義をしっかり認識した時、大いなる力を発揮するのです。

馬や牛、蝶やトンボ、鳥や魚たちは、何のために生きるのかなどは、考えない。人間だからこそ過去を思い、懐かしみ、時には悔やみ、あるいは反省する。今、この時をいかに在《あ》るべきかを考える。未来を思い、希望に胸膨《ふく》らませ、時にはおそれおののく。過去、現在、未来にわたって、自分なりに種々考えながら、その日、その日を歩むのが人間です。

生きる意味を考え、見出《みいだ》すことは、人として大切です。いつ見出せるかは分からない。それが死の間際かもしれない。生きる意味、生きた意味を見出せた時、己《おのれ》の人生に、より充実した、鮮やかな彩《いろど》りをそえるのではないでしょうか。

◇　◇

戦中から戦後にかけてしばらく、日本人は生きることだけで必死。何しろなんにもない！　生きる意味を考える余裕など、誰もがなかったと思います。

歌手の吉幾三《よしいくぞう》さんの歌に、

「テレビも無ェ、ラジオも無ェ、信号も無ェ、ある訳無ェ　電気が無ェ、自動車もそれほど走って無ェ、電話も無ェ……」

とありますが、戦後の何もない生活から比べれば、歌の方がまだましです。家もなければ、食糧もない！　薬も病院もない！　まして救急車などまったくない時代でした。救急車が普及し出したのは、戦後三十年近く経《た》ってからです。

今、タクシー代わりに使っている人がいて問題になっています。

二人の姉は年頃になって手に入れた、ナイロンのシームレスのストッキングに大喜び！　ところが、粗悪品なのですぐ伝線。年中、自分で修理して穿《は》いていたものです。私も継《つ》ぎ接《は》ぎだらけの洋服。おもちゃもなければ、むろん携帯もない。

何もなく、生きるだけで精一杯。生きる以外の悩みなど、何もない。悩む余裕もない。ただ、生きることだけ。今は、あり過ぎと言うほどに何もかもある。

年金、介護保険、医療保険、生活保護……、いたれりつくせりです。

医療、福祉が充実し、物も豊かになり、すべて便利になればなるほど、それが当たり前。少しでも欠けると不満が出る。それだけに、悩む暇が出てきたということでしょうか。

何のために生きるのか？　生きる意味を持てずに悩み、苦しんでいるのが現代。

贅沢と言えば贅沢です。

◇　　◇

ヴィクトール・フランクルというユダヤ人の精神科医の話。

第二次世界大戦中、ナチスドイツに捕まり、ポーランドにあるアウシュヴィッツ強制収容所に送られました。

一説には、数百万人が処刑されたといわれています。

フランクルの両親、奥さん、子どもたちも、他の収容所で死んでしまいました。

彼だけが、戦後、奇跡の生還をとげました。この体験をもとに『夜《よる》と霧《きり》』と題した本を出しました。日本では、一九五六年にみすず書房から出版されました。極限状態の恐怖の中で、奇跡的に生き延びたのはどういう人たちか、ということについてのレポートです。

死の恐怖の中、最後まで生き延びた人間と、途中で発狂し、あるいは、力つきて死んでいった人たちとを分けたのは、身体の頑強さや意志の強さではなかったと述べています。

では何だったのか？　それは二つ。

一つ。なぜ生きるのか？　という確固とした生きる意味を見出せた人は大いなる力を持った。見出せなかった人は、生きる気力をなくしたということです。

フランクルは、いつガス室に送られるか分からない恐怖に駆《か》られて、発狂しそうになったあるユダヤ人の例を紹介しています。

家族とともに収容所に送られた彼は、

――何度、自殺したいと思ったことか。それを押しとどめたのは「天との契約」だった。

「苦しみ、恐怖を甘んじて受けます。代わりに、愛する家族の苦しみをその分だけ和らげてください。もし、ガス室に送られたならば、命の短くなった分だけ、家族の命を永らえさせてください」という契約です。――

と、述べた。

「天との契約」により「自分の、今受けている苦しみは、愛する家族に代わっての苦しみ。決して無意味ではない」という思いに支えられて、最後まで生き続けることができたそうです。

生きる意味は、人それぞれ。大切なのは、自分なりの生きる意味をいかに見出せるか、です。

二つ。最後まで生き延びた人間と、生きる気力をなくし死んでしまった人たちを分けたのは、いかなる状況にあっても感動、感謝、喜びの心を持ち続けたか、失ったかだそうです。

――収容所の中で無数の死者を埋めるために、大勢で穴を掘っている。

冬、日が暮れると、栄養失調の身には凍《こご》えそうに堪える。その時、はるか遠く真っ赤な太陽がまさに沈もうとしている。それを見た瞬間、思わず手を止め、

「おお！　なんとすばらしい夕日！」

と、感動する。

道の水たまりを飛びこえた時、水に映った樹の枝、風景に、

「まるで名画のようだ！　美しい！」

と感動する。

極限状態の中でなお、そういった人たちの多くは生き延びたそうである。

「夕日がどうした？　水たまりの景色がなんだ？　いつ、ガス室に送られるか分からないのに、何を言っているんだ！」

と、感動の心を失った人たちの多くはガス室以前に、病死、あるいは自殺してしまった。——

いかなる時にも感動する、感謝する、喜ぶ心を持つことは大切です。

生きる意味、それは一人一人みんな違う。家族のために、という人もいるでしょう。仕事に生きる意味を見出す人もいる。

地位、名誉、権力、人によってはお金こそ我が命という人もいるかもしれない。人を騙《だま》し、傷つけない限り悪いとは言いません。悲しいことではありますが。

深い信仰の中に生きる意味を見出す人もいるでしょう。

人さまざまですが、大切なのは、人は一人では生きてはいけない、生かされているのだという自覚をしっかり持つことです。

家族や、多くの人、過去に生きた先人たち、この世に存在する、ありとあらゆるもののお陰と感謝。神、仏に感謝。目には見えないが、何か大いなるものによって生かされていることに感謝。

あらゆるものに、あらゆることに心から感謝できた時、初めて他のために生きよう、つくそうという心が湧いて来るのではないでしょうか。そこにこそ、人は真の生きる意味を認識するのだと思います。

勇気、より大きな生きる力、何ものにも動じぬ心を持つことができるのです。己を犠牲にしてまで、他のために生きる心も持てるのです。

◇　◇

八年間寝たきりの、一人では何もできない奥さんを介護している男性です。

「若い時、家内に散々苦労をかけてしまった。どんな時でも支え続けてくれた。両親を一生懸命、介護してくれた。その家内が、折悪しく病に伏せてしまった。

今度は家内を支え、介護するのが私の役目。家内がいてくれてこその私。家内がすべて。私の生きる意味。このように思った時、私は、家内を支えているのではなく、私が家内によって支えられている、生かされているということに気がついた。

神仏に支えられ、勇気づけられてもいる日々」

と、述懐されています。

彼は、生きる意味をしっかりと認識しています。寝たきりの、一見何もできないと思われるご夫人が、実は、ご主人に対し、生きがい、生きる意味を与えているのです。

生きているのではない、生かされている、という感謝の心を持ちたい。感動する心を失わず、さらに他のためにつくす心を持ち、行動したい。これこそ、人間の、人間たる所以《ゆえん》なのです。

第四章
仏の教え

お釈迦さま

四月八日は、お釈迦《しゃか》さまの誕生日です。

日本では古来「花祭り」という祭事をおこなう風習があります。花で飾りをつけた「花御堂《はなみどう》」とよばれる小さなお堂をつくり、そこに祀《まつ》ったお釈迦さまの像に甘茶をかけるのです。最近「花祭り」はめったに見られなくなりました。

バレンタイン、ハロウィン、クリスマスなど、外国のお祭りばかり。

もう少し日本のよき伝統、文化に対して誇りを持ち、大切にしたいものです。

お釈迦さまは、紀元前五〜六世紀頃（二千五百年ほど前）、インドの北方、ヒマラヤ山脈の麓《ふもと》、現在のネパール領のルンビニで、釈迦族の王子として誕生。

幼名、ゴータマ・シッダルタ。

生まれるや七歩歩み、右手で天、左手で地を指し「天上天下唯我独尊《てんじょうてんげゆいがどくそん》」と、宣言されたと伝えられています。「生命《いのち》は一つ。ゆえにすべての生命は尊《とうと》く、価値がある」という意味ではないでしょうか。

伝説によると、王子が生まれた時、占い師が、

「この子は将来、世界最高の王になるであろう。しかし、出家《しゅっけ》し、最高の悟りを開くかもしれぬ」

と、予言したそうです。

父王は大変驚きました。大事な世継ぎである我が子に、出家などされてはたまらぬ、とこの世の楽しみだけをできるかぎり王子に与え続けたのです。

不純《ふじゅん》、穢《けが》れ、不幸、悪など、人間にとっての悲しみや、不条理なるものは、見せないようにしました。そのため、王子は何不自由ない、幸せな少年期を過ごし

ました。妻を娶《めと》り、一子ももうけました。

ところがある日、城から外出した時、道ばたをヨロヨロ歩く、ヨボヨボの老人、老いた人間を初めて見ました。

別の日、病に冒《おか》され、苦しんでいる病人を見ました。

さらに別の日、死者を目にしました。

すなわち、老・病・死と出遭《であ》ったのです。王子は、衝撃を受けました。見たこともない人間の姿に出遭った王子は、以来ふさぎ込み、何ひとつ楽しみを感じなくなってしまったのです。

幸福とは何だろうか？　地位、名誉、財産などでは必ずしも幸福を得られるわけではない。どんなに健康で、盛んであっても、病気もするし悩みもある。

やがて老い、死が訪れる。人生は無常で儚《はかな》い。そのように思えば思うほど、苦しみが増して来るだけでした。

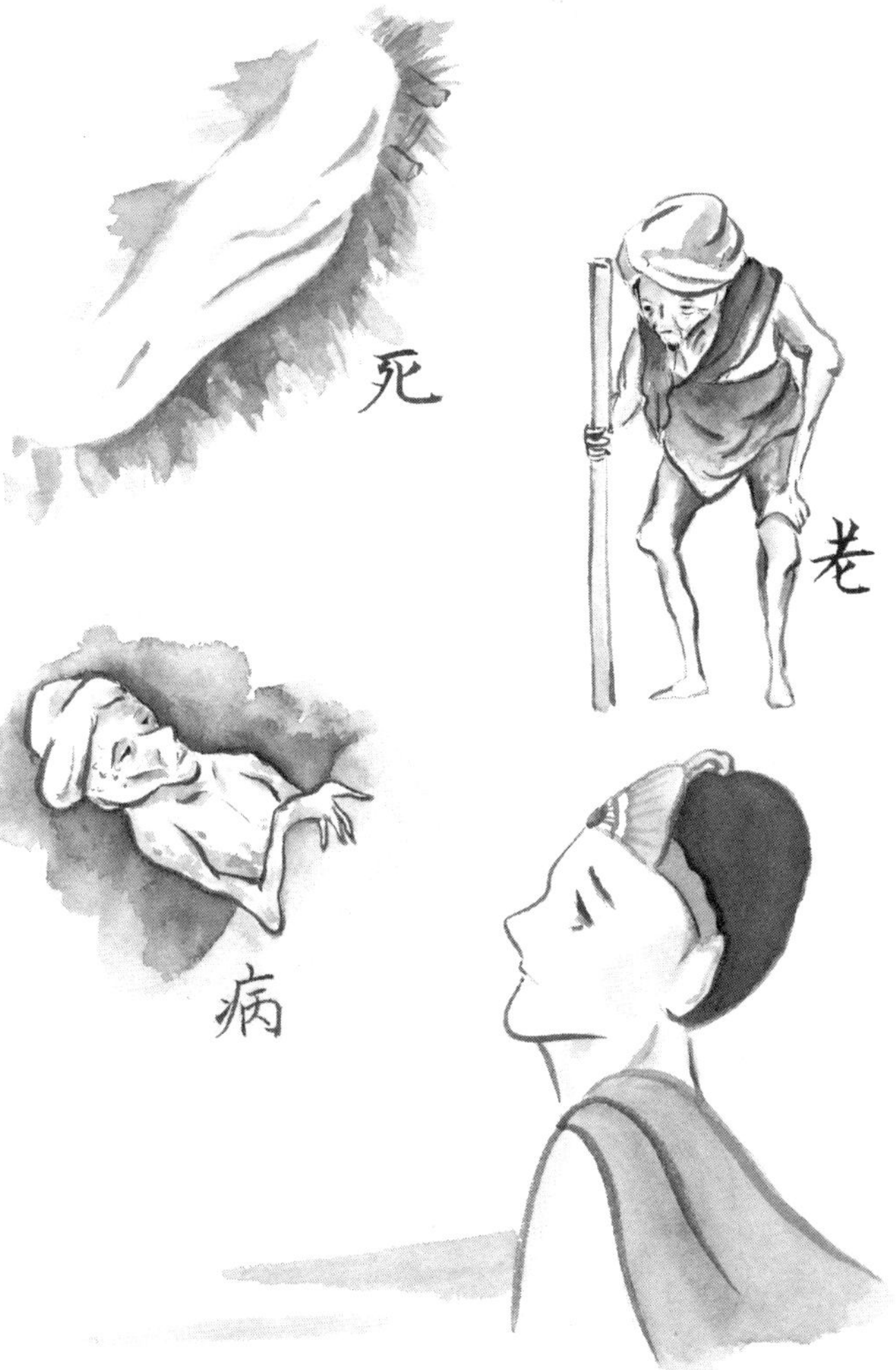
死
老
病

ある日決心し、親、妻子、地位、名誉、すべてを捨て、道を求めて出家することにしました。王子、二十九歳の時です。城を出て、名僧、高僧の誉《ほま》れ高い方々を訪ね歩き、さらに山中に入って、苦行を重ねました。

無数の釘を打ちつけた板の上に身を横たえる。何日も立ったまま過ごす。草だけ、あるいは苔《こけ》だけしか食べない。時に食を断ち、眠りを断ち……、あらゆる難行、苦行を六年間、続けました。

ところが、いくら肉体を痛めつけても、一向に心の安らぎは得られない。やがて、こうした苦行は無意味なものであると悟りました。ただちに苦行を止め、近くのネーランジャー河で沐浴《もくよく》をし、身を清めました。村娘スジャータが供養する乳粥《ちちがゆ》を食し、体力を回復した後、菩提樹《ぼだいじゅ》の下に座り、瞑想《めいそう》に入りました。襲ってくる煩悩《ぼんのう》、我欲《がよく》、睡魔《すいま》、恐怖などと闘った後、ついに悟りを得たのです。王子、三十五歳の時でした。

悟りを得、目覚めた人となった彼は仏陀《ぶっだ》となりました。

以後、「釈尊《しゃくそん》」あるいは「お釈迦さま」とお呼びします。

お釈迦さまは、世の苦しんでいる人々を救済すべく、布教活動に出発することになりました。布教活動の途中、出会った五人の人たちを相手に「初転法輪《しょてんほうりん》」といわれる最初の説法を行い、五人は最初の弟子になりました。

その後、お釈迦さまは「僧伽《そうぎゃ》」と呼ばれる組織である精舎《しょうじゃ》を作り、ともに暮らしながら大勢の弟子たちを養成しました。有名な「祇園精舎」「竹林精舎」などです。

布教活動も盛んにされ、多い時には五～六百人の随行がついたようです。

たいがいは、土地土地の豪族からもてなしを受けましたが、食器などの盗みを働く者、呑みすぎて前後不覚に眠りこんでしまう弟子もいたという話もあります。

お釈迦さまのお弟子さんも、いろいろです。

お釈迦さまは、四十五年にわたり、人々を救い、たくさんの教えを説いた後、二月十五日、八十歳の時、静かに入滅しました。

ご臨終間際、お釈迦さまは、日頃、身の回りのお世話をしていた弟子の阿難《あなん》に、

「喉が渇いた！　水をくれぬか」

と言われました。

阿難、

「申し訳ありません。近くに水がございません」

なお、お釈迦さま、

「喉が渇いた！」

「申し訳ありません。ございません」

「水をくれぬか」

「まことに申し訳ございません……」

三度、所望されたが、やむなく阿難はお断りしたのです。

やりとりを聞いていた天人は、お釈迦さまにお椀一杯の水を供養されました。

喉を潤されたお釈迦さまは、

「甘露《かんろ》！　甘露！　なんと美味しいことよ！　有り難う」

と、大変喜ばれたとのことです。

以来、二千数百年経た今日まで、死者の口を清水に浸した綿で潤す習慣が続いています。

弟子たちは、ご遺体を沙羅双樹《さらそうじゅ》の林の中に移し、お頭《つむ》を北に、おみ足を南に向け、お顔を西に向けて横たえました。その時、時ならぬ沙羅双樹の花が一斉に咲いたとのことです。沙羅双樹は、別名、夏椿《なつつばき》といい、本来夏に咲きます。

私どもが死者を安置する時、北枕《きたまくら》と称し、頭を北に、足を南に向ける風習は、お釈迦さまのご臨終《りんじゅう》の様子からきています。

◆正見

二宮尊徳《にのみやそんとく》は、

「夫《そ》れ天地の真理《しんり》は、不書《ふしょ》の経文にあらざれば、見えざる物なり。この不書の経文を見るには、肉眼を以て、一度見渡して、而《しこうし》て後肉眼を閉じ、心眼を開きて能《よ》く見るべし。如何《いか》なる微細の理《ことわり》も見えざる事なし。肉眼の見る処は限りあり、心眼の見る処は限りなければなり」

と、真実を見る眼《まなこ》を養うことが、いかに大切かを述べています。

ものの表面のみを見ないで、本質を正しく見よ、ということです。

何事にもとらわれない、真実を見通す眼《め》を持つことが大事なのです。

眼を「まなこ」と言うのは、真《ま》ん中《なか》を見る、すなわち正しく見るという意味で、真ん中がやがて「まなか」となり「まなこ」となったといわれています。

「山中にいる者は、山容を見ず」ということわざがあります。以前、バスで、長野県の乗鞍岳《のりくらだけ》にのぼった時、途中、ガイドさんに周りの山を指して、

「どれが乗鞍ですか?」

「今、のぼってます!」

まさに、山中にあって山容を見ずです。

人間、渦中に入ってしまうと真実、ものの全体を見失いがちになります。世の中には見えるものはほんのわずかで、見えないものの方が多いようです。

人間、十代の時、見えなかったものが二十代になって見えることもある。二十代で見えなかったものが、三十代になって見える。四十代、五十代、六十代、七十代……、歳を重ねるにつれ、見えなかったものが、見えるようになる。精進《しょうじん》と経験の積み重ねでしょうか。

金澤翔子《かなざわしょうこ》さんというダウン症の書家がいます。

観客の前で、書をしたためる会が催された時の話。

――筆が進み、満員の会場が深く鎮《しず》まった。静けさを引き裂くように突然、五歳くらいのダウン症の子が「ワー、オー」と叫び始めた。

この声に会場は凍りついた。だが、声はやまない。どうしたらいいのか？

彼女が集中できないのでは？　全員、緊張！　ところが、筆をとめた彼女、

「応援、ありがとう！」

と、男の子に向かって大きな声で呼びかけた。

驚いたことに、彼女の「ありがとう」に応えるように、男の子は静かになった。緊迫していた会場がこの一言で、救われた。あの時あの状況で、これ以上適切な言葉はなく、天から降りてきたような一言。

書き終えても拍手が鳴りやまなかった。――

翔子さんは、男の子の心が読めたのです。男の子もまた、彼女の心が読めたのではないでしょうか。

私たちは、残念ながら物の表面しか見ず、真実、本質を見失いがちになります。少しでも正しく見、判断するだけの眼、心を持つべく精進したいものです。

◇　　◇

勝海舟《かつかいしゅう》は、十五代将軍徳川慶喜《とくがわよしのぶ》の厚い信任を受けて、江戸城を薩長《さっちょう》方に無血で開け渡したことで知られています。

海舟は、徳川幕府の幕臣であったのにもかかわらず、幕府の存続よりも、日本が置かれている状況をしっかりと見すえていたため、困難な局面でも判断を誤らなかった、といわれています。

フランスからの申し出の資金、武器の援助を受けることは、長い目で見ると、外国の植民地となるは必至、と決断し、周囲から裏切り者呼ばわりされましたが、将来の日本のためを思い、無血開城に踏み切ったのです。

幕府が、時代の流れの中で潰《つぶ》れていく運命にあることを見抜いたのでした。

後日、海舟は「世の人に比べて首の動かし方が、一つだけ違っていた」と、言ったそうです。どういうことか？　困難に直面した時、凡人は前を見ても後ろを見ても、左右を見ても、見えない！　分からない！　と、いろいろ悩む。

海舟は前後左右、さらに一段首を伸ばし、国の行く末を見たのです。目先のことにとらわれず、物事を正しく、先を見通すことが極めて大切ということです。

「鳥の目」という言葉があります。一段高い所から俯瞰《ふかん》して見る目です。

「鳥瞰《ちょうかん》」という言葉がありますが、高い所から全体を見渡すということです。

「魚の目」と「虫の目」もあります。

「魚の目」とは、足の裏にできるタコとは違います。

「魚の目」は、水の流れ、潮の満ち干、つまり世の流れを敏感に感じとる目。

「虫の目」は、近いところで複眼《ふくがん》を使ってさまざまな角度から見る目。複眼とは、多くの小さな眼が束《たば》状に集まった虫の目をいいます。虫は、物の形、動き、紫外線などを識別することができます。対象をいろいろな観点から見ることを、複眼的ともいいます。

世にあって成功する人は、鳥の目、魚の目、虫の目の三つを持つといわれています。さしずめ、勝海舟は、三つの目を持っていたのではないでしょうか。

私たちはとかく、日々の営みの中で右往左往しがち。まわりを見るどころか、自分をも見失いがちになります。山中にあると山容が見えないように、物事の渦中にあると、全体を見られなくなる。

物事にとらわれ、右往左往する迷いの心を滅する。滅することはできなくても極力抑える冷静な眼を養うよう努力して、真実を正しく見極める眼を少しでも養うよう、心がけたいものです。

慢心

お釈迦《しゃか》さまの説かれた初期の経典・雑譬喩経《ぞうひゆきょう》に出てくる話です。

――お釈迦さまが祇園精舎《ぎおんしょうじゃ》におられた当時、インドに八人の有名な力士がいた。一人で、六十頭もの象に匹敵する力持ち。その中に己《おのれ》の力を過信し、天下無双、世に恐れるものなしと思っている傲慢《ごうまん》力士がいた。実際、あとの七人の勇猛力士が束《たば》になってかかっても、かなわなかったほどである。

これを聞いたお釈迦さまはある日、傲慢力士を訪ねた。

ところが、かの力士、

「お釈迦さまが、いかに偉大で賢いか知らないが、わしには遠く及ぶまい。

会っても仕方がない」
と、追い返してしまった。
お釈迦さまは諦めず、何度か力士を訪ねたが、そのたびに門前払い。
やむをえず、若い力士に姿を変え、ふたたび訪れ勝負を申し込んだ。
「一体どこの力士だ⁉ 天下の俺さまに勝負を挑むとは小癪《こしゃく》、洒落臭《しゃらくせ》ぇ！
ひねりつぶしてみせよう！」
若い力士の相手をすることにした。
「ハッケよい！」
立ち上がった瞬間、力士に身を変えたお釈迦さまは神通力《じんずうりき》をもって、空中は
るか高く飛びあがった。
さすがの慢心力士、あまりのことにびっくり、度肝《どぎも》を抜かれた。
その時、元のお釈迦さまの姿になって、空中から、

「汝《なんじ》、高慢の鼻を折り、謙虚であれ！」

と、しかりつけた。

おそれをなした力士は悔い改め、お釈迦さまに心から付き従い、仏道修行を志すこととなった。――

慢心の心を戒《いまし》めた教えです。

仏教では「慢心」について、次のように説いています。

「邪慢《じゃまん》」　徳もないのに煽《おだ》てられると、徳があると錯覚して、うぬぼれる。

己を知らない、身のほど知らずの慢心者。

「傲慢《ごうまん》」　己を誇示し、他に対する思いやりの心をなくし、さらに見えないものに対するおそれ、敬いの心をなくすと傲慢になる。

「増上慢《ぞうじょうまん》」　悟りを得ていない人間が、悟っていると、うぬぼれる。力もないのにあると錯覚し、慢心する。これは増上慢。

これらは、すべて己の「我《が》」を戒めています。

「俺ガ俺ガの『ガ』を捨てて、おかゲおかゲの『ゲ』で暮らせ」という言葉があります。「ガ」は「我」のことをいいます。「ゲ」とは「下」です。

我を捨て、つねに謙虚に身を下に置き、物事に処したいものです。

「お陰さま」「有《あ》り難《がと》うございます」「生きているのではなく、生かされている」という感謝の心を持つことが大事です。

◇　◇

当会の北関東の教会に所属している、ある信徒の話です。

この方は信仰心篤く、つねに仏さま第一とし、日夜過ごしていました。

慢心のひとかけらもない、謙虚な方でした。

年上、年下にかかわらず、男性、女性の区別なく、接する人すべてに手を合わせ、深々とお辞儀をするお方でした。

過日、九十二歳の長寿をまっとうされ亡くなりました。
生前、時間さえあればお戒壇《かいだん》（仏壇）に向かいます。
その時、
「東西南北の方角に向かって合掌し、南無妙法蓮華経《なむみょうほうれんげきょう》を唱える。
南は東京の教会本部に。北は北関東教会。東は生家。さらに西に向かって、
お世話になった亡きたくさんの方、ご先祖に対して感謝の祈りを捧げる」
とのことでした。
「有り難うございます」が口癖《くちぐせ》でした。たとえささいなことでも感謝を忘れず、
周りの人たちに「有り難う」と「すみません」を欠かさなかったそうです。
夜、休む前には奥さんに向かって、
「今日は有り難うね！　かあちゃん、明日もまた頼むなぁー」
と言い、同居している目の不自由なご長男に対しても、つねに感謝の言葉を口

にしていたそうです。

亡くなる前の晩も、奥さんに対して「有り難うね。明日も頼むよ」と言って、床に入ったそうです。ところがその日にかぎり、なぜか奥さんを手招きされ、別れを惜しむかのように、しっかりと手を握り、離そうとしなかったとのことです。そのため奥さんは、手を握られたまま一緒に休みました。ご主人は、安心したのか、そのうちスヤスヤと眠りについたそうです。

翌朝、奥さんが気がついた時、実に穏やかに息を引きとられたとのこと。最期まで、ご主人は「有り難う」を言い続けました。

謙虚な気持ちを持ち、何をおいても感謝の心を持ち続け、口に出された方でした。見習いたいものです。

謙虚、敬い、思いやりの心を失くしていないか、「有り難う」という感謝の心を失くしていないか、つねに省《かえり》み、律し、戒めたいものです。

諸行無常

世の中、一つとして永遠なるものはありません。生あるものは、いつか滅する。世のことがらはすべて無常。つねに変化をくり返す。これを仏教では、諸行無常と説きます。諸行無常の世にあり、どうあるべきか、いかに生きるべきか、真剣に考えねばなりません。

無常については、古来、多くの人たちが述べています。鎌倉時代の『平家物語《へいけものがたり》』『方丈記《ほうじょうき》』は代表的です。弘法大師空海《こうぼうだいしくうかい》の「いろは歌」も、無常を表した歌として有名です。

『平家物語』の冒頭、

「祇園精舎《ぎおんしょうじゃ》の鐘《かね》の声《こえ》、諸行無常《しょぎょうむじょう》の響《ひび》きあり。沙羅双樹《さらそうじゅ》の花の色、盛者必衰《じょうしゃひっすい》の理《ことわり》をあらはす。おごれる人も久しからず。ただ春の夜の夢のごとし。たけき者も遂にはほろびぬ、ひとへに風の前の塵《ちり》に同じ」

『方丈記』の冒頭、

「ゆく河《かわ》の流《なが》れは絶《た》えずして、しかももとの水《みず》にあらず。淀《よど》みに浮《う》かぶうたかたは、かつ消《き》えかつ結《むす》びて、久《ひさ》しくとどまりたるためしなし」

の書き出しで始まります。

平家物語は作者不明。方丈記は京都・下鴨《しもがも》神社の神官の子の鴨長明《かものちょうめい》です。

「いろは歌」は、

「いろはにほへと　ちりぬるを　わかよたれそ　つねならむ　うゐのおくやま　けふこえて　あさきゆめみし　ゑひもせす」

——色は匂へど　散りぬるを　我が世誰《たれ》ぞ　常ならむ　有為の奥山　今日越えて
　浅き夢見じ　酔ひもせず。——

それぞれ、世の無常を説いた物語であり、随筆《ずいひつ》、歌です。
仏教思想の諸行無常は、多くの日本の文学、芸能などに影響を与えています。

◇　　◇

涅槃経《ねはんぎょう》に説かれた物語です。

——遠い久遠の過去世。雪山童子《せっせんどうじ》と呼ばれる若者が、雪深い山奥にこもって修行をしていた。ある時、仏教の守護神・帝釈天《たいしゃくてん》が童子の心を試そうと、鬼の姿となりあらわれた。童子に近づくや、

「諸行無常《しょぎょうむじょう》　是生滅法《ぜしょうめっぽう》（諸行《しょぎょう》は無常《むじょう》なり、是《こ》れ生滅《しょうめつ》の法《ほう》なり）」

の二句を唱えた。

聞くやいなや童子、鬼にむかって、

「鬼さん、初めて聞きましたが、なんとすばらしい教えなのでしょう！　でもこれで終わりなのですか？　まだあるのではないのですか？　あるなら、ぜひ聞かせてください！」

と、頼んだ。

すると鬼は、さらに童子の道を求める心を試そうと、

「ぜひとも、というのなら教えてやってもよいが、それには条件がある」

「何でしょうか？」

「わしは腹が減って、ペコペコなんじゃ。腹が満たされれば、教えてやらんでもない。実はわしの食べ物は人間の肉なのだ、それも生きたまま！　飲み物は、人の生き血。それを所望する」

童子、一瞬怯《ひる》んだが、やおら決心し、

「分かりました。もし残りの教えを聞かせていただけるのならば、死んでも悔

いはありません。私の身体をさしあげましょう。ぜひ、聞かせてください！」

ついに鬼は童子の熱心さに動かされ

「生滅滅已《しょうめつめつい》　寂滅為楽《じゃくめついらく》（生滅滅《しょうめつめつ》して已《おわ》れば、寂滅《じゃくめつ》を楽《らく》と為《な》す）」

と、残りの二句を説いた。

聞いた童子、深く喜び、後の世の人々のために遺しておこうと、四つの句を岩や木、いたるところに彫りつけ、これで思い残すことなし、と崖の上から下にかまえている鬼にむかって身を投げた。

たちまち、鬼はもとの帝釈天に戻り、童子をしっかりと受けとめた。

童子を地面にそっとおろした帝釈天は、うやうやしくひざまづき、合掌礼拝《らいはい》したという。——

童子は、釈尊の前身とされています。絶対不変の道を求めるためには、己《おのれ》の命をも辞さない、という修行者の覚悟のほどを説いた物語です。

「諸行無常、是生滅法、生滅滅已、寂滅為楽」とは、

諸行無常　あらゆることがらは、つねに変化し、一つとして常住《じょうじゅう》なるものはなく、無常である。

是生滅法　つねに変化し、無常ということは、生ずるものは必ず滅するということ、世の真実の法である。

生滅滅已　生滅のかぎりなく変化するその底に、永久不変のものが存在する。

寂滅為楽　永久不変の、真の本質なるものを捉えた時、苦を脱し、楽に入り、安心《あんじん》なる境地を得る。

ということです。

世に存在するものはすべて無常。常住なるものはないのです。

その中にあって何ものにも惑わされず、右往左往せず、絶対常住の真の安心の境地を得たいものです。

挨拶

法華経《ほけきょう》に説く、釈尊《しゃくそん》の前世といわれている「常不軽菩薩《じょうふきょうぼさつ》」の話です。

菩薩は、街で行きかう人々にたいし、つねに合掌、礼拝《らいはい》し、話しかけました。

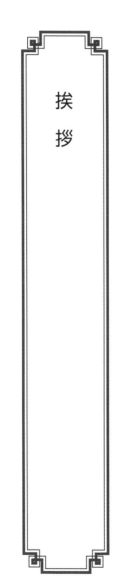

「我深《われふか》く汝等《なんじら》を敬《うやま》う、あえて軽慢《きょうまん》せず。ゆえはいかん、汝等皆菩薩《なんじらみなぼさつ》の道《みち》を行《ぎょう》じて、まさに作仏《さぶつ》することを得《う》べし」

――私は、あなたを敬います。なぜなら、あなたの心には、仏さまになるすばらしい種がおありですから。――

日頃の行いに身のやましさを感じ、合掌、礼拝されるに値《あたい》しないと思っている人は「ばかにする気か！」と怒りました。それでも言いつづける菩薩を罵倒しました。それで飽き足らず、しまいには、足蹴《あしげ》にし棒で殴り、あるいは石を投げつけました。しかし、怯《ひる》むことなく、道行く人々を、拝みつづける菩薩にたいし、人はいつしか、

「どんな者もばかにせず、軽《かろ》んじない。つねに合掌、礼拝しつづける修行者、

常不軽菩薩」

と敬いを込めて呼び、逆に、菩薩にたいして深く合掌、礼拝するようになったとのことです。人々の心に柔和《にゅうわ》、穏やかな心をもたらしたのです。

人々にたいして合掌、礼拝する姿を通して、たがいに敬い、思いやり合う心の大切さを教えました。さらに、人は一人では生きていけない、たがいにつながり合って生きていく存在、その時必要なのは、挨拶ということも説いたのです。

挨拶の意味。「挨」は「押す」、「拶」は「迫る」。二文字合わさり「押し合う」。ここから、互いの心を開いて接するという意味になったようです。

挨拶

二〇一六年、あるマンションで、施設内での挨拶を禁止したというニュースが新聞、テレビなどで報道されました。

「とうとうここまできたか！」……率直な思いです。マンションの住民同士が、たがいを無視し、無言ですれ違う光景を想像するだけで、不気味、異様です。

このマンションだけではなく、子どもに「おはよう！」「こんにちは！」と声をかけても返事をしない、という話をよく耳にします。

「知らない人に挨拶をしてはいけない。声をかけられたら、逃げろ」と、親や学校が、子どもたちに指導しているようですが、悲しいことです。

子どもの連れ去り防止だそうですが「知らない人についていってはいけない！」と、徹底して言い聞かせれば済む話だと思います。

もっとも、見知らぬ子どもからいきなり「おはようございます！」と言われ、あわてて返事を返すこともあります。家庭教育がよいのでしょう。

挨拶は、人間関係の基本。挨拶こそが、犯罪抑止になるのではないでしょうか。

挨拶をして不審者扱い、疑われるくらいなら、無関心をよそおう方がまし。

無関心にならざるを得ない、ということにもなりかねません。

挨拶して無視されると、どうにも居心地が悪いものです。

「連れ去り」と「挨拶」は別な話。挨拶は、コミュニケーションの第一歩。

子どもどころか、近年、挨拶をしない大人が増えてきました。

エレベーターで目と目が合った瞬間、黙礼したり、ニコッと微笑みかけても、無視される。まず挨拶を返す日本人は少ない。

建物に入る時、ドアを開けて「お先にどうぞ！」と優先しても、お礼一つ言わない人もいます。

その点、外国人はほとんど挨拶を返します。率先して微笑みかけてもくれます。

日本の家庭教育、学校教育の貧困さでしょうか。

子どもたちはいずれ、社会に出ていく。周りは、見知らぬ人ばかり。その中で、社会生活を円滑に営むためには、周りの人たちとコミュニケーションを図らねばならないのです。その第一歩が「挨拶」。

スペインの思想家、ホセ・オルテガ・イ・ガセット（一八八三～一九五五年）が、次のように述べています。

――人間が、動物と違いが生じたのは、挨拶をおぼえた時。

それまでは、すれ違っただけで、にらみ合う。たちまち武器を手に取り、相手に殴りかかったそうだ。時には、殺し合いにまで発展した。

人間たちは、無駄に傷つき、殺し合ったりするのはよくないと考えた。

そのため、他人と会った時「私はあなたに敵意を持っていません」という意思を表すために、まず「ニコッ！」と笑う。さらに一言、二言、語りかける習わしを作ったそうである。人間の始まりは挨拶の始まりであった。――

森信三《のぶぞう》（一八九六〜一九九二年）という、哲学者で、教育者がいました。西田幾多郎《きたろう》門下です。代表作に『修身教授録《しゅうしんきょうじゅろく》』があります。
ある保育園で、母親を対象に講演をしました。

「躾《しつけ》には、三大原則があります。

一、挨拶　朝の挨拶のオハヨウゴザイマス！　ができる子に。

二、返事　ハイ！　とはっきり返事のできる子に。

三、マナー　レストランなどで、最後、席を立つ時、椅子を戻す子に。

よそのお宅を訪問し、履きものを脱いだら必ずそろえる子に。

それには、まずお母さん方《がた》が手本を示すこと」

と言われたそうです。

病院の待合室。お母さんに小言を言われシクシク泣きながら、三歳くらいの女の子が入ってきました。髪の毛はブロンド、青い目をした可愛い子です。

母　親　ちゃんとお靴を直して！

女の子　ハイ！（シクシク……）

なにやらさかんに、小声で女の子を叱っています。

母　親　いつもお母さんとお約束している、一番大事なことはなんですか？

女の子　いきなり広い道に出ないこと。（シクシク……）

母　親　そうでしょう。もし車に跳《は》ねられたら、お家《うち》に帰れなかったのよ！

いつまでも泣かないの！

女の子　ハイ。

診察室に呼ばれた時も「ハイ！」と返事をしました。私たちの前を通る時も、母親に「失礼します、と言いなさい！」と言われ、娘さんはその通り「失礼します」と言いながら、診察室に入っていきました。

すばらしい躾に、居あわせた人たち一同、感心しました。

「ハイ」という返事は大事です。

病院などで、呼ばれて「ハイ！」と返事をする人は少ない。大勢の患者がいても、返事がなく、看護師さんはキョロキョロ！

特に、子ども連れの親御さんなどは、心して返事をしてもらいたいものです。

「ハイ」という返事は、素直な心がないとできない。素直でない人も「ハイ」という習慣をつけると、自然と素直な心を持つようになるのではないでしょうか。

とかくギスギスし、うるおいの欠けた世の中にあって、

「おはようございます」「こんにちは」「こんばんは」「さようなら」の挨拶。

「ハイ」と返事。「ありがとう」「ありがとうございます」と感謝。

「ごめんなさい」「すみません」「もうしわけありません」とお詫びの言葉。

これらは、人と人とを結ぶ大切な言葉。

おたがい、心して使いたいものです。

躾

教育者・思想家の新渡戸稲造《にとべいなぞう》（一八六二～一九三三年）が英文で著《あらわ》した書に『武士道』があります。著すきっかけは、一八八九年、ベルギーの法学者・ラヴレーの家に招待され、宗教の話題になった時のことです。

「日本には、宗教教育というものがないのか？」

と尋ねられ、新渡戸は、

「ない」

と答えた。

「宗教なしで、いったいどのようにして子や孫に道徳教育を授《さず》けるのか？」

と言われ、愕然《がくぜん》として即答できなかったそうです。

その後、当時の日本の道徳観念の根幹をなしているのは「武士道」と気づき、英文で『武士道』を著しました。武士道とは、武士の守るべき道、道理です。人として守るべき原理、原則と言い換えてもよいかもしれません。潔《いさぎよ》さ。惻隠《そくいん》の情、すなわち思いやり、憐れむ心。正義などでもあります。

これらを武士のみならず、一般人も心得ねばならぬとしました。

親として、子にしっかりとした躾《しつけ》、教育を施《ほどこ》す時、何をおいても大切なことがあります。それは、他を思いやる心、正義、感謝、己を律し、戒める心などではないでしょうか。

◇　◇

テレビで見たニュースです。

——生後六ヵ月の赤ん坊に、ゲームのAとB、二つの動画を見せました。

ゲームAは、いじめっ子といじめられっ子がいて、いじめっ子がいじめられっ子を追い回す。それを見たもう一人の子が、間に入って争いを止める。

ゲームBは、いじめっ子がいじめられっ子を追い回しているのを、もう一人の子が見て見ぬふりをする。
A、B両方を見せたところ、十七人中、十四人の赤ん坊が、Aの、争いの間に入った子に軍配を上げた。——

生後六ヵ月にして、善悪の分別《ふんべつ》が芽生えているのでしょうか？
このすばらしい芽、人間としての特質を大事に育てることが大切です。
逆に親は、悪い習慣、癖がつかないよう、くれぐれも注意したいものです。
「三つ子の魂《たましい》百まで」という、ことわざがあります。
幼い時に備わった性格は、歳を取ってもなかなか直らないということです。
大事なのは、親が幼い時にしっかりと躾《しつ》ける、教育する。正直、勤勉、誇り、思いやりなど、人としてあるべき道を、しっかり躾けなければなりません。

次のような話があります。

――八百屋さんの前で、母子連れが買い物をしていた。

五歳くらいの子どもが、素早く、売り物のいちごを一粒パクッと口に入れた。

それを見た母親、

「ダメ！　次に物を食べる時は、手を洗ってからにしなさい。あれほど言っているのに。ダメでしょう！」――

親が子どもに、盗みをそそのかしているようなものです。

子どもは日頃、親の背中を見て育つ。それだけに親として、人間として、守るべき道、誇り、正義などを、身をもって示さなければなりません。

しっかり躾ける。教育する。くわえて、善き縁、環境に触れさせるよう、心がけねばなりません。

◆三つ子の魂百まで

「三つ子の魂百まで」について、次のような話があります。

運営している保育園の保育士を、募集した時です。

応募者に「思いやり」と題して、作文を書いてもらいました。そのうちの一人、幼稚園教諭の経験がある男性の作文の概略です。

――四歳になるＫ君という男の子の話です。

複雑な家庭環境で育ったＫ君は、思いやるという優しさの心が欠けていました。

それだけでなく、欲しいとなると、人の物まで取ってしまいます。

草木、花をやたらに折ったり、摘んだりします。

何よりも、粗暴《そぼう》。いわゆる問題児です。

Ｋ君に対して、どう接したらよいか？　どうしたら素直になってくれるか？と、悩みました。時に感情的になり、腹を立て、きつく怒ったりもしました。

ところが、怒れば怒るほど、私から離れていくのを感じます。

ある日のこと。園庭で転び、大声で泣きわめき出しました。

急いで駆け寄り、しっかり抱きしめました。

驚いたことに、Ｋ君も強くしがみついてきたのです。

「痛いよー、痛いよー！　すごく痛いよー！」

訴えてきました。驚きました。なぜなら、今まで私をはじめ、どの職員にも、何かを訴えることはなかったからです。よほど痛かったのでしょう。

抱きしめながら、

「痛いね！　痛かったね！　痛い時、我慢しなくていいんだよ！」

背中をさすりながら、言いました。

なんと、素直に「うん！」とうなずいてくれたのです。

しばらく抱きしめていました。K君もしがみついていました。

これを機に、心を開いてくれたようです。家のことや楽しかったこと、悲しかったこと、何でも話してくれるようになったのです。

K君から教わりました。気づかされました。

今まで園児たちに、

「友達を思いやることは大事なんだよ。親切にすることは大事だよ」

と、いつも言っていましたが、実は、言葉だけだったのではないだろうか？

K君との体験を通して、本当の思いやる心、優しさとは何か？　が分かったような気がしました。行動こそ、大切なのだと思い知らされました。

K君は変わりました。なんと、友達に優しさ、思いやりを持って接するようになったのです。草や花を、大切にするようになりました。

そのK君も、今や高校三年生。ある日、手紙をもらいました。その中に、

「僕も、先生のような保育士になりたい」

とありました。無上の喜びを感じました。

思いやりの心は、自分一人だけでは育ちません。誰かが、何かが存在して、触れ合うことにより、育つ心ではないでしょうか。互いに、他を思いやる心、思いやり合う心の大切さを、K君を通して学びました。――

以上の作文でした。

K君は、すばらしい先生、良き縁に触れました。良き縁に触れ、変わりました。立派に成長したようです。保育士の彼も、K君に接し、一回り成長したようです。躾がいかに大切か、教育、環境、縁がいかに大事かを考えさせられる話でした。

「鉄は熱いうちに打て」ということわざのように、幼児のうちからしっかりと躾を施《ほどこ》すことが大切です。

大人も子どもも

毎年夏、小学生を対象に、山梨県・山中湖で修行会を実施しています。

ある年、高僧が詠《よ》んだ「**よい事《こと》をする程徳《ほどとく》なことはなし　人《ひと》は悦《よろこ》び　人《ひと》にほめられ**」の歌をテーマに勉強会を開き、次のように解説しました。

――私たちは、互いに助け合いながら生きています。

善《よ》いことをすると、相手も自分も笑顔になり、悦びます。

悪いことをすると、人は悲しみます。

他に悦びを与えることは、大切です。皆が笑顔で、幸せな世の中になるよう、人のために善いことをしてあげられるよう、心がけましょう――

この歌にちなんで「善いことってなんだろう?」と質問しました。
Ａ　君　「困っている人を見たら助ける」
Ｂ　君　「悲しんでいる人を見たらなぐさめる」
Ｃちゃん「人が落としたものを拾ってあげる」

Ｄちゃん「お年寄りの役に立つことをする」

Ｅちゃん「お父さん、お母さんのお手伝いをする」

たくさんの子どもたちが答えてくれました。

普通なら「得」の字を使うのでしょうが、歌では「徳」の字を使っています。

おそらく高僧は、

「人として歩むべき道を歩む。他のためになす。そうすれば、他から信頼され、敬われるほどの立派な、徳のある人間になれる。単に、損得の得ではない」

と、述べたかったのでしょう。

先の大戦が終わって七十年余り。あっという間に時が経《た》ち、豊かになりました。今、享受《きょうじゅ》している平和は、多くの若者たちの死、先人たちの血のにじむような汗と努力など、多くの犠牲の上になり立っているのです。

同じく現代も、国や、社会、組織、地域、家庭さえも、犠牲なくしてはなり立たない面があります。

世の中には平等でないことがある、と受《う》け容《い》れるのが大事。「したくないことはしない。したいことは何をしてもいい」という、間違った民主主義の風潮を改める必要があります。

次のような新聞の投書がありました。

――コンビニで子連れのお母さんが、雑誌を棚から抜き出しコピー機の所へ持って行った。なんと、読みたい箇所のコピーを取り始めた。

なぜか店員は見て見ぬふり。彼女は、何ははばからず、堂々の態度である。

他人の目を気にしてコソコソという感じではなかった。倫理観が決定的に欠落してしまっているように感じた――

なぜ、とがめなかったのか？　うっかりとがめて、逆《さか》ねじを食《く》わされるのがこわかったのかもしれません。逆ねじとは、注意した相手に逆に攻撃し返すこと。人の思惑《おもわく》など気にしない、自分がやりたいことをやる、という風潮がいたるところで蔓延《まんえん》しているのでしょうか。末おそろしいです。

大勢の人間が、ともに社会生活を営むためには、譲歩、協調、時に犠牲がともないます。ゴミ処理場、空港などの建設、原発関連の事柄、基地問題など、すべて誰かの、あるいは地域の犠牲なくしては済まないことです。

世の中、犠牲を払わねばならないこともある。不平等、不運なこともあるのだ、と受け容れないと、世の中はギクシャクし、どうにもならなくなります。

「他のために損のできる人間であれ！」という自覚を互いに持たないと、世の中はなり立たない。ときに人のために損ができる。いささかの犠牲を払える。したいことをするのではなく、すべきことをする。してはならないことはしない。これこそ、大切な人の歩むべき道なのです。

国も社会も学校も家庭も、根本にある人間性と深い関係のある「宗教」「道徳」をないがしろにした結果、何ものをもおそれぬ、気ままで、傲慢《ごうまん》な心情がまかり通るような状況を呈《てい》しているような気がしてなりません。

他のために、なにかのできる人間でありたいものです。

◆教師と生徒の関係、親と子の関係について

昔、多くの教師は誇りと自覚、責任感を持っていたものです。もっとも、今も立派な教師がいないわけではありませんが……。

生徒も親も、教師を尊敬していました。戦後、立場の差をいうのは民主主義的でない、ということで、親も教師も尊敬の対象ではなくなりました。

新聞に、日・米・中・韓、四ヵ国の高校生の親に対する意識調査が掲載されていました。それによると、

「親を尊敬している、と答えた高校生」
米・71％、中国・60％、韓国・45％、日本・38％
日本の高校生は、四ヵ国中、最下位です。

「老後の親を世話する、と答えた高校生」
中国が1位で、87・7％。日本は、四ヵ国中、最下位です。中国の半分以下の37・9％でした。

日本の高校生は「親は尊敬の対象ではない。尊敬の対象ではない親の世話などできない」ということでしょうか。

教師も生徒も、親も子どもも、同じ人間、すべて平等。皆、友達。

親も教師も子ども時代、そういう風潮のもとに育ち、教育を受けた結果、率先して、自らを貶《おとし》めてしまったのではないでしょうか。

躾《しつけ》は、とうの昔に放棄《ほうき》。生活の厳しさも味わわせない。

昔は、赤ん坊の子守、お使い、風呂焚き、農家では野良仕事の手伝い、商売屋では店番。みんな、子どもにとって当たり前でした。

赤ん坊を背負って、友達と遊ぶ子どももいました。

八百屋《やおや》、魚屋などでは、一人前に魚や野菜を売る子どももいました。

私も学校から帰ってきたら、お使い、水くみ、風呂焚き、農業の手伝いをしたものです。それが当たり前でしたので、少しも嫌とは思いませんでした。

それどころか、大人の役に立っているという実感からか、イキイキとして手伝ったものです。必要とされ、喜ばれ、得意満面でした。

日本のタレントが、中央アジアの遊牧民族の家族と、行動をともにするテレビのドキュメンタリー番組。

タレントが、子どもたちに質問しました。

「普段、きみたちは何をして遊んでいるの？」

「…………？」

意味が分からなかったようで、子どもは答えません。

代わりに親が答えました。

「子どもたちは遊びません。貴重な労働力ですから」

子どもたちが、離れた川に水をくみに行く。

薪《たきぎ》を拾い集め、かまどで燃やしている。

家畜を誘導する。

すべて、働いている姿をテレビで映していました。

今の日本は昔と違って、子どもに何もさせない親が増えました。嫌がる子どもに無理矢理させるのがこわいのか、嫌われたくないのか、あるいは、子どもの自主性に任せるという教育方針なのか分かりませんが、とにかく何も言わないようです。

与えられるばかりで、子どもなりに何かをする、役割を担うという体験をさせない親がいる。それどころか、先ほどのコンビニでの母親のように、悪いお手本を見せるとなると、これこそ世も末です。こうした親の姿を見て育つのですから、子どもに無慈悲《むじひ》なことをしているのです。

世間も、子どもたちに何もいわない。

本当は、人間、与えられるよりは、与えるほうが幸せなのですが……。

もっとも、子どもたち全員が全員、親の庇護《ひご》のもとにぬくぬくと育ち、家のことを何もしない、というわけではありません。

テレビに、どこかの街のラーメン屋さんが映っていました。

夕方、お客さんが入ってきた時です。奥からかわいらしい女の子が顔を出して、「いらっしゃいませ！」と言うではないですか。

注文をしっかり聞き、お父さんに伝えました。できあがるとお父さんが、「できたぞ！ グズグズするな。冷めちゃうぞ！」

と、大きな声で怒鳴りつけるのです。少しも嫌な顔もせず、素直に「はい！」と返事をしながら受け取り「お待たせしました」と出す。

お客さんが帰る時は「有り難うございます。またおいでください！」

大人顔負けの接客。愛嬌たっぷりの八歳の女の子です。

お父さんを手伝うのがよほど嬉しいのか、イキイキと立ち働いていました。

夜八時になると、勉強のため二階の部屋にあがります。

その時も黙ってあがらず、お客さんたちに必ず「おやすみなさい」です。

なんと、お客さんも一斉に「おやすみ！」。

彼女が二階にあがった途端《とたん》、ほとんどのお客さんが帰ってしまいました。

彼女は店にとって、なくてはならない看板娘。お客さんも、彼女に愛想良く声をかけられると皆、例外なくデレデレとし、嬉しそうでした。

彼女が赤ん坊の時、お母さんが亡くなり、父一人、娘一人。二歳の時からお店を手伝い、二人で今日までお店を守ってきたとのことです。

感心したのは、お父さんが彼女に対して、まったく遠慮せず怒鳴りつけていることです。言われた彼女も、動じるふうもない。そうかといって、無視ではなく、素直に従っていました。

久しぶりに微笑ましいテレビ番組を見ました。必ずしも、今の親、子どもが、だめばかりではないことを知り、ホッとしました。

改めて、家庭環境、指導、教育の大切さを感じました。

「言うは易《やす》く行うは難《かた》し」

私の師、日現《にちげん》聖人（会祖）は、当意即妙《とういそくみょう》、機転を利かせた法話をしました。

たとえば、

「わしはな、いってみれば人間の鍛冶屋《かじや》。

釘《くぎ》にたとえれば、根性の曲がった釘。愚痴、不満で錆《さ》びついた釘。

さまざまな苦労、苦難に打ちひしがれ、折れてしまった釘。

曲がった釘はまっすぐに。錆《さび》は落としてピカピカに。折れたのはつなぐ。

最初からきれいで、まっすぐな釘のような人間は、なかなかいない。多くは

罪深く、不足不満のかたまり、いろいろな悩みで打ちひしがれている。

そういう人を直す、鍛冶屋だよ」

弟子、信徒に、述べていたものです。

◇　◇

ある時、裁判官の信徒が、次のような質問をしました。

「なぜ『南無妙法蓮華経《なむみょうほうれんげきょう》』のお題目《だいもく》をたくさん唱えなければいけないのですか？

心を込めて唱えれば、一遍だけでもよいのではありませんか？」

「あなたは、たった一遍で、心の込もったお題目を唱えることができる自信がありますか？

猟師が小鳥を捕まえるのに、たくさんの目のついたカスミ網を用いるでしょう。

たくさん網の目があっても、一羽の鳥がかかるのは、一つの目。

だからといって、一つの目だけでは、鳥はかからないでしょう。

たくさんの目の網を張ってこそ、ようやく一羽、二羽がかかるのです。

お題目も同じ。たくさん唱える中にこそ、心の込もったお題目が一遍か、二遍。信仰は、時に知恵、知識を捨てねばならない。仏さまから見れば、人間の知恵など、皿より浅い。学問はテーブルの学問。テーブルならぬ『手《て》ー振《ふ》る』の学問。時により、学問は『手ー振る』、必要ない、信心修行の邪魔になるものです」

と述べ、さすがの裁判官も、ぐうの音も出なかったそうです。

欲を謹《つつし》み、施《ほどこ》しが大切ということを、鈴棒《りんぼう》をたとえに法話もしました。

鈴棒とは、朝夕お参りをする時に用いる、鐘を叩く棒です。

「人間は、欲を出してはいかん。

欲しい、欲しい！　と、手前に引き寄せようとすれば、反対に遠ざかる。

いらん、いらん！　と、向こうに押しやれば、こちらに来るものだよ」

と、鈴棒のはしを片手で持ち、垂直に下げ「欲しい、欲しい！」と言いながら、もう一方の手で鈴棒を手前に引き寄せる。離した瞬間、振り子の原理で反対方向に振れる。逆に「いらん、いらん！」と押しやり、手を離すと手前に戻る。

このように、実演をまじえ、欲は謹まねばならぬと説いたものです。

ユーモアに溢《あふ》れ、具体的なたとえを入れての話は、子どもでも年寄りでも、インテリでも、スッと理解できる、実に当意即妙の法話です。

◇　　◇

「言うは易く行うは難し」という、ことわざがあります。

中国の古典『塩鉄論《えんてつろん》』という書の、

「弁舌すぐれた者が、徳があるとは限らない。なぜなら、口で言うのは簡単だが、実行するのはむずかしい。言葉にする前に、実行することこそ善」から「言うは易く行うは難し」ということわざができたようです。

会祖は、これをもじって、

「わしは『言うは難く行うは易し』だよ。

何事も、軽々しく口に出さない。事をなすとき熟慮に熟慮をかさね、実現できると確信したとき、初めて口に出すもの。さすれば、あとは実行のみだよ。

実行すれば、おのずから結果はついてくる。

したがって、行うより、言うことの方がよほど難しい」

と、述べました。

ことわざの「言うは易く行うは難し」も、会祖の「言うは難く行うは易し」も、要は、実行が大事なのだ、ということではないでしょうか。

◇　◇

約千二百年前、中国の唐の時代、鳥窠道林《ちょうかどうりん》という禅僧がいました。

高い松の木にのぼって、つねに坐禅《ざぜん》をしていたそうです。

ある時、詩人の白居易《はくきょい》（白楽天《はくらくてん》ともいう）が、鳥窠禅師をたずねてきて、

「老師さまは、そのような高いところに住まわれ、危ないじゃありませんか！」

と、質問しました。

禅師いわく、

「日々の暮らしや仕事に追われ、いつも汲々《きゅうきゅう》としているあなたたち。ときに悩み苦しみ、心がつねに安定しないあなたたち。そうしたことの方が、よほど危険じゃあるまいか！」

白居易、ふたたび、

「仏法とは何か？　いったい何を教えているのですか？」

禅師、

「諸悪莫作《しょあくまくさ》　衆善奉行《しゅうぜんぶぎょう》　自浄其意《じじょうごい》　是諸仏教《ぜしょぶっきょう》」

――もろもろの悪事をしてはならぬ。人々は、多くの善事を行うことに心がけよ。さすればおのずと心が浄《きよ》められる。これが仏の教え。――

と、答えました。

聞いた白居易、

「なんだ、それだけのことか。当たり前じゃないですか！　ただそれだけのことなら、三歳の幼児にでも分かる話ではありませんか」

禅師、

「確かにそうだ。三歳の子どもでも口にすることはできるだろう。だがしかし、一見、酸いも甘いも噛《か》み分けたかのような八十歳の老人でも、いざ実践となるとなかなかできんのじゃよ」

と答えました。

さすがの白居易、深くうなずくところがあり、この方こそ人生の師と決めて、ただちに禅師の弟子となり、修行に励んだと伝えられています。

口にするのはたやすくとも、実行となると、難しいことがあるものです。できないことを無責任に、安易に口にしがちです。実行こそ、大事です。

慈悲・思いやり

仏典に、

——心ほど不思議なものはない。親や親戚もしてくれないほどの慈しみを人に及ぼすことができる。他のどんなものよりも、為《な》し得《え》ないほどの残酷なことも心は考える。心は不思議。——

一見、仏のように見える人でも、突如《とつじょ》として鬼となり、地獄に堕《お》ちてしまうこともある。地獄に堕ちてもしかるべき極悪人でも、ときとして仏心を持つ。

人間の悲しい性《さが》です。

古歌にも「**皆人《みなひと》の心《こころ》の奥《おく》の隠《かく》れ家《が》に仏《ほとけ》も鬼《おに》も我《われ》も住《す》むなり**」とあります。

芥川龍之介《あくたがわりゅうのすけ》の小説『蜘蛛《くも》の糸《いと》』の概略です。

――ある極悪人が、犯した罪で地獄に堕ちた。

ところが、地獄に堕ちる前、悪事の計画をしている最中、足もとの蜘蛛を見て、一瞬仏心が宿り、蜘蛛を踏まぬよう避けて助けた行為をたたえ、お釈迦《しゃか》さまは、蜘蛛に命じて糸を垂らさせ、助けようとした。

彼は、喜んで糸にすがり、のぼり始めた。ふと下を見ると、大勢の悪人どもが続いてくるではないか。糸が切れることを心配し、

「こら、罪人ども。この糸は俺さまのものだ！　おりろ！　おりろ！」

と叫び、蹴《け》落とそうとした瞬間糸は切れ、もとの地獄に堕ちてしまった。――

人間の揺れ動く心のありようを表現した話です。

少しでも悪なる心を滅すべく、消せないまでも、表にあらわれないよう心がけ、善なる心、仏の心を持つべく、精進《しょうじん》したいものです。

人は、己《おのれ》の命を捨ててまで、他の命を助ける心を持っている。

そうかと思えば、平気で人をおとしめ、傷つけ、命さえも奪《うば》う。

人は、善と悪をあわせ持つ。持つというよりも、本来、心は真っ白。

善に触れると善になり、悪に触れると悪となるのが人間。すべて環境、縁次第。

悪縁にたぶらかされそうな己の弱さを自覚し、それと闘えるのも人間です。

◇　◇

「イスラム国」と称した過激派集団が、残虐《ざんぎゃく》のかぎりをつくしています。

捕虜《ほりょ》や村人を、嘘をついたということだけで舌を切る、耳や鼻を削《そ》ぐ。中でもむごいのは、大人、子どもに関係なく、両手首を切り落とすことです。

両手がないのと、両足がないのとでは、人間、勝手が違います。足がなくても、人間、なんとかなります。車椅子で移動はできる。食事もできる。

両手がないと、どうなるか？　もちろん歩けはするが、自分で食べることができない。下《しも》の始末もできない……。

実に残虐な集団ですが、反面、意外にも善なる面もあるようです。

二〇一五年、フランスの風刺週刊誌を発行している会社に、イスラム過激派テロリストが乱入し、編集長、以下合わせて十二人を殺害した事件。

射殺された三人のテロリストのうちの一人が、襲撃前、パンを買うお金のない幼い女の子を見かけ、優しく声をかけ、パンを買ってあげたそうです。

青年の心に、人を平気で痛めつけ、殺す残忍性と優しさが同居している。

獣《けだもの》の心と、神、仏のような慈しみの心もある。人間の心ほど不思議なものはありません。欲望、憎しみ、怒りのエネルギーのほとばしる心の獣。

心の中にすみつく獣が暴れ出さぬよう律し、制御していかなければならない。

荒れ狂うエネルギーを、正しいエネルギーへと変換することが大事なのです。

これこそが人間の人間たる所以《ゆえん》、あるべき姿、行いではないでしょうか。

――ある病院。二人の重症患者がベッドをならべている。病は進み、いつ死んでもおかしくない状態である。お互いに、おかれた境遇《きょうぐう》を理解し、受《う》け容《い》れ、はげましあった。

窓ぎわの病人は、外の様子をとなりの病人につたえた。

「雲が美しい。あかね色に輝いているよ！　あっ、虹が出た！　鳥がたくさん飛んでいる！　星がきれいだ。そのうち、看護師さんにたのんで、ベッドを交換してもらうよ。ぼくは、もう十分見たからね……。ねぇー、君！　できたら病室からでなく、もう一度、元気になってあの空の下を歩こうじゃないか。がんばろうな！　病気なんかに負けちゃいられないね！」

外の景色を見ることのできない病人を、はげましつづけた。

ある日の夜。窓ぎわの病人が発作を起こした。

気づいたとなりの病人はナースコールを押そうとしたが、その手がとまった。

「『そのうちベッドを交換してもらうよ』と言ってくれたけど、いつになるか分からない。もしボタンを押さなかったら。もし寝ていて気がつかなかったふりをすれば、彼は死ぬかもしれない。そうなれば、窓ぎわに移れる！　せめて自分も、死ぬ前くらいはよい思いをしたいものだ」

ついに、ナースコールを押さなかった。

夜中、窓ぎわの病人は息を引きとった。

さて、夜が明けた。待望の窓ぎわに移ることができた。

胸躍らせ窓をのぞき、瞬間、驚愕《きょうがく》した。

なんと見えたのは、むき出しのコンクリートのビルの壁だけ！

空も、鳥も、星も見えなかった。――

死を目前にした病人に、希望を持たせようとした美しい嘘です。

窓ぎわの病人は、心にある善の面を象徴しています。

となりの病人は、窓ぎわの病人が死ぬことをひそかに期待し、ナースコールを押さなかった。

つねに揺れ動く人間の心の弱さと、悪の面を象徴しています。

善と悪の心が別々でなく、一人一人の心の中に、共にあることを知らねばならないのです。

嘘と言えば「嘘も方便《ほうべん》」という言葉があります。

法華経《ほけきょう》に出てくる話に由来するといわれています。

人を導くために、方便を用いて教えを説く話から「嘘も方便」という言葉が出ました。人は時として嘘をつく。それは人をあざむくだけではない。はげまし、なぐさめ、勇気づける。時に救いをもたらすこともある。

善も悪も有しているのが人間。悪なる心を滅するよう、滅せぬまでも、せめて「心の奥の隠れ家」に閉じ込める努力をしなければならないのです。

◆いたわり

司馬遼太郎《しばりょうたろう》（一九二三〜一九九六年）という、評論家、ノンフィクション作家がいました。産経新聞の記者時代に『梟《ふくろう》の城』で直木賞を受賞しています。『竜馬がゆく』『街道をゆく』『坂の上の雲』など、歴史小説、あるいはコラムなどで幅広く活躍された方です。

司馬氏は、日本の行く末を案じて、約三十年前、二度にわたり、小学校五・六年生の国語教科書のために『二十一世紀に生きる君たちへ』と題して執筆されました。小学生に対するメッセージとはとても思えない、素晴らしく、格調高い作品です。

概略、紹介します。

『二十一世紀に生きる君たちへ』

――人間は、助け合って生きている。
人という文字を見るとき、しばしば感動する。
ななめの画がたがいに支え合って、構成されている。
人間は、社会をつくって生きている。社会とは、支え合う仕組み。
国家と世界という社会をつくり、たがいに助け合いながら生きているのである。
人間は、孤立して生きられるようにはつくられていない。
このため、助け合うということが、人間にとって、大きな道徳になっている。
助け合うという気持ちや行動のもとのもとは、いたわりという感情である。
他人の痛みを感じることと、言ってもいい。やさしさと言いかえてもいい。
「いたわり」「他人の痛みを感じる」「やさしさ」
この三つの言葉は、もともと一つの根から出ている。

根といっても、本能ではない。だから、訓練をして身につけねばならない。訓練は、簡単。例えば、友達がころぶ。ああ痛かったろうな、と感じる気持ちを、そのつど自分の中でつくりあげていきさえすれば良い。

この根っこの感情が、自己の中でしっかり根づいていけば、他民族へのいたわりという気持ちも湧き出てくる。

君たちが、その自己をつくっていけば、二十一世紀は、人類が仲よしで暮らせる時代になるにちがいない。——

以上、概略ですが、小学生たちに、

「互いに支え合い、助け合うことが大切。助け合う行動の根っこは、いたわり、他人の痛みを感じる、やさしさ。この根は、もともとあるのではなく、訓練により育つのである」

と、教え諭しています。

大人にも充分通じる、心がけねばならない話です。いたわり。他人の痛みを感じる。やさしさ。これらを「思いやり」という言葉に変えても良いと思います。

単に「思いやる」のではなく「互いに思いやり合う心」が大切。なぜ大切か？　思いやり合う心があってこそ初めて、そこに愛情が芽生えるからです。夫婦愛、親子愛、きょうだい愛、友情……、すべて根っこに「思いやり合う心」があればこそです。

もう一つ「敬う心」も大切。単に「敬う」のではなく、「互いに敬い合う心」が大切なのです。なぜか？　人は、人と相対した時、互いに敬い合う心があって初めて、信頼が芽生えるからです。

夫婦の間でも、夫は妻を、妻は夫を敬う。親は子を、子は親を、きょうだい、友と友……、すべて「敬い合う心」が大切なのです。

思いやり合う心も、敬い合う心も、夫婦、親、きょうだいだけではありません。この世に生きるすべての人たちが、このような心をもって、互いに接すれば、いさかいなど起こるはずがありません。戦争なども、起こるはずがないのではないでしょうか。

思いやる、敬う心は、人だけではない。自然、あらゆる生き物、この世のすべての存在に対し、こうした心を持たねばなりません。新しい令和の時代となった今、まず私たちが、日本が、世界に向かって、範を示そうではありませんか。

◇　　◇

グアム島、オーストラリア、フィリピンなどの近くに、五百以上の島からなる「パラオ共和国」があります。

日本軍が、終戦までの三十一年間、統治していた国です。

東洋一と言われた日本軍の飛行場があったため、米軍から大空襲を受け、日米合わせて、一万二千人の戦死者が出ました。

二〇一五年に天皇・皇后両陛下（現上皇・上皇后両陛下）が、慰霊のために、訪問されました。その時、ある新聞に八十三歳のパラオ人女性の話が掲載されたので、概略紹介します。

――大空襲の時、彼女は十三歳。家族ちりぢりとなり、森の中を逃げ惑った。その時、負傷した一人の若い日本兵に出会った。助けてあげることが出来なかった彼女は、自分も空腹であったが、手に持っていた一本のバナナを差し出した。兵隊も、もちろん飢えていたが、片言のパラオ語で、

「有り難う。感謝するよ。でも、ぼくはもう、長くは生きられないだろう。ぼくは良いから、君が食べなさい」

と、なおも勧める彼女に断った。――

このような記事でした。

空腹にもかかわらず、重症を負った兵隊にバナナをあげようとした十三歳の少女。かたや日本兵。負傷し、しかも飢えているに違いないにもかかわらず、感謝しつつも「君が食べなさい」と、死に臨んでなお人としての尊厳を保った日本兵。強い思いやり、思いやり合う気持ちから出た、素晴らしくも美しく、他のために自己犠牲をいとわない人間の崇高《すうこう》な行為です。

人間が動物と違うところは、己が犠牲になっても、他者に何かを与える、施《ほどこ》す心を持っていることです。時に、命を捨ててまでも他を救う。これこそ、人間の人間たる所以《ゆえん》であり、素晴らしい崇高な行いです。

◇　◇

平成十三年一月、山手線新大久保駅で、泥酔した男性がプラットホームから線路に転落しました。それを見た日本人のカメラマンと、韓国人留学生が助けようとして、線路に飛び降り、進入してきた電車にはねられ、三人とも死亡という痛ましい事件がありました。

各新聞は、大きく報道し、二人を英雄として称え、韓国でも大きく報道されました。己の命を犠牲にしてまで、人を助けようとしたのです。凄いことです。相手が誰かれではなく、全く見ず知らずの人に対して、とっさに出た崇高な人間の行動でした。

人間は、己の欲望のためには人をも傷つけ、殺すこともできるし、人の命を犠牲にして、己を助けることもする。

反対に、己の命を犠牲にしてまでも、人を救うことができる「空よりも高く、海よりも深い」素晴らしい心を持っているのです。人間は、やはり素晴らしい。いかなることがあろうとも、置かれた立場の中で、人に何かができる、喜んでいただけるようでありたい。

このような人間でありたいものです。

世界の宗教

世界にはいろいろな宗教があります。仏教、キリスト教、イスラム教を指して、世界三大宗教、ユダヤ教、ヒンドゥー教を加え、五大宗教と言います。

中国では、仏教、儒教、道教を指して、中国における三大宗教。

日本には、仏教に加えて、日本の伝統的民俗信仰として、神道があります。

インドは、ヒンドゥー教、シーク教、ジャイナ教、ゾロアスター教などです。

その他、世界中には、たくさんの宗教が存在しているのではないでしょうか。

人々は、それぞれの宗教を支えとし、日々、過ごしています。

多くの人にとり、宗教は欠かせない存在なのでしょう。

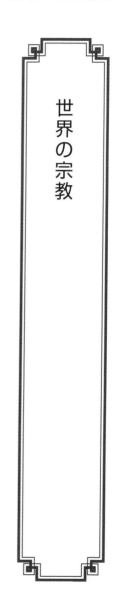

しかし、世界に目を向ければ、人の道を説く宗教が、互いに血で血を洗う争いをしています。しかも、同じ一つの宗教でありながら、宗派が違うというだけで争っています。何故なのでしょうか？

日本には、仏教、神道はもちろん、キリスト教、イスラム教、少数ですが、ヒンドゥー教徒もいます。しかも、互いに大した争いもなく、共存しています。

日本には、古来、神道がありました。やがて仏教が入ってきました。

その後、キリスト教も入ってきました。

仏教もキリスト教も、紆余曲折《うよきょくせつ》があったものの、やがて受《う》け容《い》れられました。

過去から現在に至るまで、神道、仏教、キリスト教と、深刻な争いもなく共存、共栄している。宗教戦争がない。何故なのか？

日本には古来、民間信仰として生物、山、川、草木、果ては石にまで神が宿る、神聖な存在とする土着の宗教がありました。後、神道として確立していきました。

人々は、世に存在するすべてに神が宿り、それらとともに生き生かされ、生かし合う存在であるとの認識を持っていました。

神、自然、多くのものに支え、守られている、という感覚も持っていました。

仏教には「山川草木悉有仏性《さんせんそうもくしつうぶっしょう》」の教えがあります。

世に存在するすべては、仏になり得る性《さが》、種を有している、と説きます。

すなわち、一方は神あり、一方は仏あり。ある意味、共通した考え方なので、仏教が日本人に受け容れられる素地があったようです。神道と融和できたのも、こうした素地があったからではないでしょうか。

日本人、いわゆる大和《やまと》民族は、唯一絶対神を置かず八百万《やおよろず》の神を信仰する、多神教の民族です。こうした宗教観に基づいた大和民族は「**大**きな**和**の民族」なのです。聖徳太子が制定したとされる「十七条憲法」の「和を以て貴《たっと》しとなす」の精神は、日本人に脈々と受け継がれているのかもしれません。

大きな和の心を持つ和人《わじん》は、異国の思想、文化、技術を受け容れるだけではありません。受け容れるだけではなく、外来のものを我がものとしてしまう、吸収してしまう、特異性、寛容さがありました。

宗教も同様でした。仏教、儒教、キリスト教はじめ、外来の宗教を和の心を持って受け容れる柔軟性があったのです。

現代の日本も、そうです。受け容れるだけでありません、日本独自のものにしてしまう柔軟さがあるのです。

結婚式はキリスト教か神道。初参りは神社。葬式は仏教。日本人は、何の疑いもなく、それぞれを上手く取り入れています。

クリスマスイブに、バレンタイン、ハロウィーン、イースターなど、もう日本独自のものです。もっとも、仏教による葬儀も、お釈迦《しゃか》さまの誕生を祝う花祭りも、もともと外来の仏教からのものではありますが……。

◆仏教とキリスト教

仏教は多神教。キリスト教は一神教。
仏教は、この世に存在するものすべて、縁《えん》に因《よ》り生ずる。
キリスト教は、神がすべてを創る。
両者の教えに違いはありますが、共通している教えもたくさんあるのです。

【慈悲《じひ》と愛】
仏教は、慈悲を説きます。
「慈」とは、人々に楽を与える。「悲」とは、苦しみを解く。
たとえ、悪意をもって接してくる者に対しても、楽を与えるのです。
悪意をもって接してくる者が苦しんでいれば、苦しみを解こうとします。
敵対する者をも、許す。慈《いつく》しみの心を持って接せよ、という教えです。

キリスト教は、愛を説きます。しかし、単なる愛とは違います。
愛してくれる人を愛するのは、愛したい人を愛するのは、誰にでもできる。
この愛ではなく、悪意をもって接してくる者になお、慈愛《じあい》をもって接する愛。
理性を必要とする愛なのです。
理性の愛にもとづく「汝《なんじ》の敵を愛せよ」とは有名な言葉です。
まさに仏教の「慈悲」です。

【神と仏】
キリスト教は「神はどこにいる?」と問うた時、
「あなたと相対している他者にこそ、神が宿っている」
と言う。
神の宿る相手に敬いの心を持って接するのは、当然です。
仏教は「一切悉有仏性」と説く。すなわち、この世に存在する一切のものに、仏性があると説きます。仏性とは、仏になる性《さが》であり、仏になる種です。

目の前の相対する相手にも、敵、味方関係なく、

「あなたは、仏になる可能性を有している。故に尊い」

と、説く。

法華経に釈尊《しゃくそん》の前世といわれている「常不軽菩薩《じょうふきょうぼさつ》」の話が説かれています。

菩薩は、行き交う人々に対し、つねに合掌、礼拝《らいはい》し、話しかけました。

「あなたを敬います。あなたの心に、仏さまになるすばらしい種があるから」

いつしか、人々は菩薩に対して、

「いかなる者にも軽《かろ》んぜず、つねに合掌、礼拝する修行者、常不軽菩薩」

と、敬いを込め、合掌、礼拝するようになったとのこと。

菩薩は、ひたすら合掌、礼拝する姿を通して、互いに敬い、思いやり合う心の大切さを教えたのです。仏教徒が、互いに相対した時、挨拶などで、敬いの心を

込めて合掌するのは、この意味からです。

キリスト教と仏教には、共通した教えがたくさんあり、日本人に受け容れられる要素であったのかもしれません。

◆仏教とイスラム教について

イスラム教も、キリスト教と同じく一神教で、その点は仏教と違います。

しかし、共通した教えもたくさんあります。たとえば「※アラビアン・ナイト」という有名な物語があります。日本では「千夜一夜物語」と言います。

あくまでも物語なので、登場人物はすべて架空です。

「アラジンの魔法のランプ＝四十三夜＝」「シンドバッドの冒険＝二十五夜＝」「開けゴマ！」で有名な「アリババと四十人の盗賊＝九夜＝」などの、全部で千一の物語が収録されています。これらはすべて、イスラム教の説話集なので、それぞれが教訓めいた内容です。

たとえば「アラジンの魔法のランプ」。この話の意図するところは「嘘はだめ」「約束は破ってはだめ」「人間、支え合う存在であれ」「自由」などです。

まさに、仏教の教えと相通ずるところではないでしょうか。

仏教も「嘘は罪」「約束は破ってはならない」「人は支え合わねばならない」と、もちろん「人間は、誰でも自由・平等」と説きます。

昨今は、イスラムと聞いただけで過激な「テロ」と結びつける人もいますが、実際は、人間としての在りようを厳しく説き、導く教えなのです。

仏教、キリスト教、イスラム教、それぞれ違いはたくさんあります。

しかし、共通した考えもたくさんあるのです。

あるイスラム教信者の言葉です。

「大して信仰心があるわけではない。しかし、自分の中に抜きがたくあるのは、どこかで必ず神は見ている！　という思い。だから、悪いことは出来ない」

まさに、仏教も同じ。私たちにも、「どこかで必ず、仏さまが見ていらっしゃる。すべてお見通し！」と、心にあるのではないでしょうか。

人は「何か大きな存在」「敬うべき存在」、時に「恐い存在」なるものが必要だということです。こうした存在があればこそ、懺悔《ざんげ》、反省し、後悔もし、思いを変え、勇気ももたらす。

宗教は、人間が正しく、あるべき道を歩む上で、絶対必要な存在です。

現代は、世界全体が密接につながり、情報も瞬時に共有する時代になりました。宗教も同じ。先に述べたように、一神教と多神教との違いはありますが、一致するところもある。違いは違いとして、一致するところもあることを互いに認め、理解し合い、世界の平和のために手を携えていきたいものです。

現代の日本人の心の中に「すべてを受け容れる寛容さ」「惻隠《そくいん》の情」などが、なくなりつつあるような気がします。悲しいことです。

西洋文化に強く影響された現代、日本古来の精神を失いかけています。

二十一世紀の現代、人類に求められ、必要とされているのは「生きとし生けるものすべてに、その存在を認め、敬意を払い、互いが生かし生かされる関係であるという、宗教観に根ざした『多様性』と『寛容さ』」なのです。

敵対することなく、すべてと共存するための政治でなければなりません。

もちろん、現代にあって、宗教と宗教が争い合う、まして血で血を洗うような争いなど、許されるわけはありません。

あらためて、これからの時代、どうあるべきか、ということを真剣に考えねばならないのではないでしょうか。

※「アラビアン・ナイト」

「アラビアン・ナイト」は、日本では「千夜一夜物語」あるいは「千一夜物語」と訳されています。西暦五百年前後に、バグダッドで原型が成立したとされています。現在確認されている最も古い断片には、西暦八七九年十月とあるそうです。

『アラビアン・ナイト』の物語の成立由来を述べます。

――インド、中国近辺にいたるまで影響を及ぼした、強大な王国を支配する名君（架空上の人物）がいた。王は、愛する妃に裏切られてしまう。落胆のあまり、女性を信じられなくなった。裏切りが分かった時、妃の首を切り落とした。

その後、新たに妃を迎えた。一夜を共にするが、朝になると首を切ってしまう。こうして、次々と、妃となった大勢の女性の首を切り落としたという。

ある時、王に仕える大臣の娘が、自ら進んで嫁いだ。彼女は、古今東西の物語をことごとく覚えていた。嫁いだ夜、彼女は王にある物語を聞かせた。

あまりにも不思議な話に、王は夢中になる。夜が明け始める。いよいよ、妃の首を切る朝が迫る。その時、彼女は突然、話を止めた。

「なぜ止める？　続きを話せ！」

「私は、神との約束があります。陽が昇り、明るい間は人に話すことはならない、という約束です。明るくなりました。話すわけにはいきません。

陽が沈んだら、話しましょう」

こうして次の晩も王は、物語を聞くことになった。次の晩も、また次の晩も、なんと、千一夜の間、彼女は命がけで、あらゆる物語を語り続けたのである。

長い長い話のタネもつきる頃、王は、物語に感化され、自らの過ちに気づき、残酷な習慣を改めたという。——

千数百年の昔、一人の女性が命がけで、千一夜の長い時間をかけて語った物語です。

◆仏教と科学

人類は長い歴史を通じて、進歩、発展を遂げました。科学と技術の進歩の負うところ、大です。確かに人間生活を豊かにしました。一方、環境問題など新たな弊害が起こったのも事実です。科学はじめ、あらゆるものが進歩、発展しても、正しい調和がされていないからではないでしょうか。

ごく最近、アメリカ・グーグル社が、超スーパーコンピューターを開発したというニュースが報道されました。

今までは、世界ナンバーワンは同じくアメリカ・IBM社製のスーパーコンピューターでした。このコンピューターで一万年かかる計算を、わずか三分二十秒で完了したというから驚きです。約十六億倍の速さ！　想像もつきません。

科学と技術の進歩は、とどまるところを知りません。

近代科学文明は、ヨーロッパを中心としたキリスト教社会から生まれました。

熱心なキリスト教徒にして、近代科学の生みの親である、デカルト[※1]、ニュートン[※2]は、

「天地をふくめ、すべての存在、営み、法則、すべての現象は神に依る」


という、キリスト教の主張を科学的に立証しようとしました。

その結果、神とは関係なく、すべての自然現象は、何らかの法則で密接に影響し合っているに違いないと考えられるようになったのです。これが現代の科学。

一方仏教。天地創造なるものの存在を置きません。

この世のあらゆる事柄、出来事はすべて因《いん》・縁《えん》・果《か》・報《ほう》の法則により営まれ、存在すると説きます。

このように考えると、宇宙、この世のすべては、ある一定の法則によって営ま

れているという点では、仏教も科学も、同じ視点に立っているのです。

仏教は、因縁果報の法則に因って、もたらされた現象が不都合なものであるならば、まず原因を探る。その上で、良き因、良き縁、良き果、良き報に変じていくのです。

たとえば、悩み。

①その原因を探る。

②やがて多くの教え、助言を得る。これが縁。

③その結果、悩み解消。

④解消したら、世のために働く。これが報い。

一方科学。たとえば、病気。

①その原因を探る。

②原因が分かったら、良薬を得る。医師にかかる。これが縁。

③その結果、病気回復。

④回復したら世のために働く。これが報い。

このように、仏教も科学も、取り扱う現象すべて「因縁果報という一定の法則」で営まれているということです。

仏教は、智恵の力で「心の法則」を探求し、解明する。

科学は、智恵の力で「物質世界の法則」を探求し、解明する。

これが科学であり、仏教なのです。

冒頭に、

――科学と技術の進歩は、人間生活を豊かにした。一方、新たな弊害が起こった。

理由は、科学が進歩、発展しても、正しく調和されていないから。――

と、述べました。

これについて、ノーベル化学賞を受賞した根岸英一博士は、

「地球温暖化、環境問題で二酸化炭素（CO2）がやり玉にあがっているが、果たしてそうだろうか。植物は光合成により、二酸化炭素を酸素に変える。人類の叡智《えいち》を絞り、光合成を人工的に生み出すことにより、二酸化炭素から、酸素だけでなく、食料、燃料など、さまざまな物を作り出すことができる」

と述べています。

まさに、調和。科学や技術を活かすのも、活かさないのも、人間如何《いかん》です。

科学を通じて、悪しきものを、良きものに変える考えは、仏教の、

「世の中の全てのものには、存在する価値がある」

という、教えそのものです。

渋柿も、そのままでは食べられません。渋柿を一定期間干したり、アルコールなどに漬けると、一転して素晴らしい味に変わります。

「渋柿転じて甘柿となる」です。

科学も、仏教も、根底には他を排除することなく、有効に活用することに、その価値があるのです。

他を排除することなく、正しく調和させ、すべての存在を認める仏教こそ、これからの世界平和、地球そのものを守ることが出来るのではないでしょうか。

仏教こそ、科学と相容《あいい》れることの出来る宗教です。

仏教が、科学的な宗教と言われる所以《ゆえん》なのです。

※1　ルネ・デカルト（フランス人）……一五九六～一六五〇年。
哲学・数学者・キリスト教徒、「我思う、ゆえに我あり」で有名。

※2　アイザック・ニュートン（イギリス人）……一六四二～一七二七年。
哲学・数学者、キリスト教徒、万有引力の法則を発見。木からリンゴが落ちるのを見て、重力に関する最初の発想を得たという逸話《いつわ》がある。

科学と技術

二〇一九年四月十一日。各新聞で、国立天文台などの国際チームが、ブラックホールの撮影に成功した、というニュースが報道されました。

世界八ヵ所の地域に設置した電波望遠鏡が、連携して撮影したそうです。望遠鏡の視力はというと、人間の視力を平均一とすると、百万だそうです。なんと視力、百万！

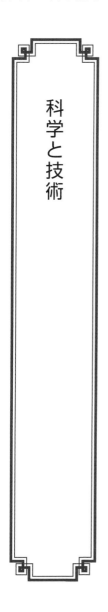

ブラックホールは、小さいものでも直径六キロメートル。発見されたものは、「モンスター」と、呼ばれるほどの巨大なホールです。

ブラックホールの質量は、太陽の六十五億倍。直径は、四百億キロメートルで、太陽の三万倍。地球の三百万倍。とうてい想像できない大きさです。

どうやって測ったのでしょうか？

ブラックホールの存在は、理論上では立証されてはいたものの、実際に撮影に成功したのは、初めて。まさにノーベル賞ものだと言われています。

◇　◇

東京女子医科大学と早稲田大学が提携して、研究、開発しているプロジェクトがあります。牛や豚の血清から、いきなり牛肉や豚肉をつくる研究だそうです。

実験段階では、すでに出来ており、食べても本物と変わらないとのこと。

ただ、今のところ費用が莫大《ばくだい》で、百グラムのステーキが、なんと、千五百万円から二千万円！　いずれ、リーズナブルな値段で口にすることができるそうです。

実現できれば、世界中で食糧難が劇的に解決できるのではないでしょうか。

現在、牛を飼うのには、広大な面積の牧場が必要。人件費もかかります。

飼料も莫大。食肉にするまでには、大量の水も使う。したがって、口にするまでには、莫大な経費がかかります。何より、生き物の命を奪《うば》うのです。一般に流通するようになれば、経費面でも大変な軽減です。

しかも、牛や豚など、実物がないままに、ステーキやトンカツを口にする。これは、画期的！　この理屈で言うと、ウナギの蒲焼《かばや》き、焼き鳥、マグロの刺身も、実際の姿がないまま、口にすることになるのでしょうか。

科学と技術の進歩は、とどまることを知りません。ＡＩ、５Ｇや、４Ｋ、８Ｋなど、あらゆる分野で、すさまじいほどに技術が進歩しているようです。

◇　　　◇

技術の進歩といえば、インターネット。私も、インターネットの恩恵をこうむっている一人です。ちょっとしたことを調べるのなら、ほとんどインターネット。辞書を引く手間が億劫《おっくう》で、ケイタイ片手に漢字を検索。意味まで調べて、用を足す。そうはならじと、ケイタイに手を伸ばしそうになるのを必死にこらえて、辞書を引いていたのですが、それもダメ。結果、字を忘れました。

便利な世の中になったものです。便利になったその中で、あえて面倒なことをするのは、大変な忍耐力が必要です。頭を使わず、体も使わず、そんな暮らしをしていると、肉体の老化が早まり、頭もボケてしまうかもしれません。

老人ホームで異変が起こっています。

今までは障害物を極力除きました。すなわちバリアフリー。ところが、バリアをあえて設けるようになった、老人ホームが増えてきたそうです。

バリアを設けることにより、肉体の老化を防ぐ、脳の老化を防ぐとのことです。

世の中、便利すぎるのも考えもの、程々が良いということでしょうか。

最近の車は衝突しそうになると、自動的にブレーキがかかります。

知人の飲食店に、その装置の付いている高級車が突っ込みました。

運転者いわく、

「自動ブレーキ装置があるので、ブレーキを踏まなかった。うっかり、装置を解除していたのを忘れていた。それで、突っ込んじゃった！」

と、言ったそうです。

いくら自動ブレーキ装置があるとは言え、いざという時、とっさに自分でブレーキを踏むと思いますが……。便利すぎると自分では何も考えず、行動もせず、すべて機械任せになるのでしょうか。

◆プロセス

現代はプロセス、結果にいたるまでの過程が、短くなった。過程を短くして、効率を上げることにより、あらゆる面で進歩、発展したのは否定しません。

日本は古来、仕事は人間を磨く、という考え方がありました。

実際、どんな仕事でも真剣に取り組んでいる人の顔はすばらしく、魅力的です。

効率ばかりを考え、プロセスを短くする。その結果、仕事を通じて人間を磨くということが、置き去りになっているような気がしてなりません。

普通、プロと言った場合、一つの道を極めた人を指します。

プロとは、プロフェッショナルのことですが、実はプロセスを大切にする人をプロ、と言ったほうが良いのかもしれません。結果を目指し、プロセスをキチッ、キチッと確実にこなしてこそ、特有の経験、能力、勘などが身につく。同時に、魅力ある人間性、人格なども備わって来るのではないでしょうか。

無論、結果を目指す途中には、失敗もある。失敗は成功のもと。失敗、挫折を経験する中にこそ、成功のもとが潜んでいると言えましょう。

スポーツ、学問、仕事、人生そのものも、失敗を重ねてこそ成功があるのです。

結果はもちろん大切ですが、結果を目指すためのプロセス、過程こそ、ある意味で大事とも言えます。

◇　◇

『星の王子さま』の著者、サン＝テグジュペリ（フランスの作家、パイロット。一九〇〇～一九四四年）は作中、

「きみのバラをかけがえの無いものにしたのは、きみが、バラのために費やした時間だったんだ」

と、王子の友人のキツネに言わせています。

素晴らしい目的を達成した陰に、素晴らしい努力があることを讃えています。

アメリカ・アリゾナ州の砂漠に「アーコサンティ」という名の建築群があるそうです。太陽光発電をふくめた、自給自足の理想郷を実現するため、一九七〇年から始まったプロジェクトです。

二〇一〇年現在、延べ二千人をこえる学生、芸術家、様々な技術、知識を持った人たちが集まり、手仕事による作業が行われています。

完成まで五百年から六百年、一説には千年以上かかる、という実験都市とのことですが、壮大な実験です。つまり、現在ここで仕事する人間の誰一人として、完成した都市の姿を自分の目で見ることはできません。現に、プロジェクトの提唱者であるイタリア人の建築家、パオロ・ソレリ（一九一九〜二〇一三年）も、見ることなく亡くなりました。

彼は生前、

「大切なのはプロセス。どういう街を造ったかではなく、何を造ろうとしているか。どこに着いたのではなく、目的に向かってどこを、どう歩いているかが、大切なのだ」

と、述べています。

スペイン・バルセロナにある世界遺産、キリスト教会の「サグラダ・ファミリア」。一八八二年に着工。二〇二六年完成予定と言われています。一四四年かかるわけです。実に壮大な、気の遠くなるような事業です。

プロジェクトには、四十年近くたずさわっている日本人がいるそうです。採用されて三十五年目にして正社員となり、主任彫刻家となりました。彼をふくめて、建設に携わる人たちは、壮大な大事業を達成したいという大きな目的を持って励んでいるのです。

人は大概、生きる上での目的を持って生きています。

結果は、失敗するかもしれない。しかし、結果は二の次。大事なのは、夢。目的に向かって、ひたすら歩む。何がなんでも成しとげねばならないという、強い情熱と志を持って歩む。道はけわしく、苦しい。しかし、一つ一つ困難を乗りこえていく。この過程にこそ生きがい、よく生きる、という認識が持てるのではないでしょうか。

今を、この一瞬を、真剣に、懸命に、大切に、強い志を持ち、歩むのです。

いつの日か、自分の持てる花が咲くのを信じ、懸命に歩み続けるのです。

後悔するのは、花を咲かせなかったことではなく、咲かす努力をしなかったことにあるではないでしょうか。

◆AI

平成二十八年、世界最強と言われている韓国の囲碁プロ棋士のイ・セドルが、AIに一勝四敗で負けたのは、衝撃的でした。

AIとは「アーティフィシャル・インテリジェンス」の略で、人工知能です。

AIについて、知人が次のように述べています。

――将棋《しょうぎ》は、それぞれの局面において、一手の選択肢の平均が八十通り。一局の平均が百十手とすると、膨大な選択肢がある。

ＡＩでは、各局面において、それぞれの指し方が、過去どれくらいの確率で勝利したかを、覚え込んだ棋譜から超高速で探し出し、その都度、一番確率の高い指し手を選択する。当初は、コンピューターに十万局の棋譜を覚えさせていた。

その頃は、名人レベルであればコンピューターに勝てた。コンピューターが八十万局の棋譜を覚えた時点で、勝てなくなった。八十万局とは、一日十局さして、約二二〇年。一人の人間が一生で経験することは、不可能。

これは医療にも、大変有用。膨大な症例をコンピューターに覚えさせ、患者の病状に最も近い過去の症例をＡＩに検索させれば、経験の浅い医師でも、ある程度、経験を積んだ医師と同等の診察ができるようになる。――

以上の話です。ＡＩが、人類をも支配する時が来ないとも限りません。

医師の画像診断ミスによる死亡が増えている、というニュースを目にします。撮影技術が進歩し、息を一回止める間に数百枚の撮影が可能となったとのこと。そのため、予期しない病変が見つかることもあり、処理すべき情報量があまりにも増加して、医師の診断が困難になりつつあるからだそうです。したがって、AIによる診断技術の開発が進んでいるとのことです。

昭和大学横浜市北部病院消化器センターが、

「腹腔鏡《ふくくうきょう》で切除した腫瘍《しゅよう》を、AIが六万枚の画像からリアルタイムで診断することに成功！」

と、発表しました。

画期的なことです。六万枚の画像を人が診断した場合、おそらく大変な時間がかかり、診断する人の負担も大。病変を見逃す危険も大きいでしょう。

しかも、日本のある研究グループによると、

「早期胃がんは、ただの炎症との判別が専門医でも難しい。

ＡＩは、熟練医に迫るところまで精度を高め、八十パーセントを見分けた。

要した時間は、わずか〇・〇〇四秒！」

とのことです。

ＡＩ技術の進歩とロボット技術の発展は、産業構造を大きく変えようとしています。人間の暮らしも大いに変化するだろう、とのことです。

二〇四五年には、ＡＩは人間の脳をこえる、とも言われています。

しかも、ＡＩ自身が自らを改良し、新たなＡＩを生み出すことが可能になる。

人間がＡＩを生み出すのではなく、ＡＩがＡＩを生み出す時代になる、とのことです。世の中、どうなってしまうのでしょうか。

人間の多くの仕事が、機械によって取って代わる。

ロボットが働いてくれるということです。

平成三十年八月、

「自動運転タクシーサービスの実験が、東京の公道を使って成功した」

とのニュースがありました。

実用化すると、百五十万人もの営業ドライバーが失業することになります。

同年十月、トヨタ自動車とソフトバンクが提携し、自動運転車を柱とした新しい移動サービスを開始すると発表しました。

自動走行中に、車内で患者を診察しながら病院まで送り届ける。注文が入った料理を、作りながら宅配する。二〇二三年以降に始める方針とのことです。

銀行員の仕事もＡＩが代行。将来、銀行員は「絶滅危惧種」になると警告する人もいます。「士《し》」の付く職業、たとえば弁護士、税理士、会計士、など、法令にのっとり行う仕事は、ＡＩがより正確に代行するので、失業です。

僧侶も、安穏《あんのん》としてはいられません。ロボットが木魚《もくぎょ》をたたき、法話をする。

あらかじめ大量の法話をインプットして、悩みに応じて適切な法話をする。人間の下手な説法より、よほどましということでしょうか。

いずれロボットが人間の仕事の九十九パーセントを代行する、という予測も立てられていて、そうなると九十九パーセントの人間が失業するということです。一年三百六十五日、文句も言わず、無休で働いてくれる。賃上げ要求もしない。その結果、経済効果は著しく上がる。ロボットが稼いでくれるということです。ロボットのせいで失業しても、慌てる必要なし。経済効果抜群のため、より高額な年金、生活保護も受けられるので心配なし。「働かざる者食うべからず」は、遠い昔の話。こんな時代が来たら、人間はどうなってしまうのでしょうか?

これからの時代、三十年後、五十年後、大変な時代になることだけは、間違いないようです。ともすると、一生ＡＩの奴隷と成り下がる可能性も大です。

改めて「いかに生きるか?」が問題となりそうです。

許し

初期仏教経典『スッタニパータ』に、

――母が己が子を命を賭けても護《まも》るように、そのように、一切の生きとし生けるものに対し、無量の慈《いつく》しみの心を起こすべし。

また、全世界に対して無量の慈しみの意《こころ》を起こすべし。

上に、下に、また横に、障害なく、恨《うら》みなく、敵意なき、慈しみを行うべし。――

（中村元《なかむらはじめ》・訳『ブッダのことば』）

――人は、大いなる慈しみの心を持たねばならぬ。――

ということです。

中国の、仏道修行を志す人の話です。

――仏さま方が、実際どのような方か？　仏さまに出会うには経典を学び、厳しい修行をしなければ！　と発心《ほっしん》し、精進《しょうじん》を重ねたが、一向に姿が見えない。

ある日のこと、腕にけがをした。悪いことに、そこから菌が入り、化膿《かのう》した。さらに悪いことに、蛆《うじ》がわいた。蛆をつぶそうとしたが、蛆にも命がある。殺生《せっしょう》はできない。そっと地面にふり落とした。その瞬間、眼の前に光が差しこみ、仏さまが現れた。お顔は実に柔和《にゅうわ》。ニコニコとほほ笑んでいた。

「修行というものは、やたら学問に精を出し、苦行にはげむだけが能ではない。汝《なんじ》は、慈悲《じひ》、慈しみの心を虫たちに施《ほどこ》した。修行の肝要は、ここにある」

と、懇々《こんこん》と説かれたという。――

おそらく、彼の心の中に仏さまが現れたのでしょう。

この話は、出典が明らかではありませんが、実話のようです。

慈悲と言えば、宮沢賢治《みやざわけんじ》（一八九六〜一九三三年詩人、童話作家）の詩に、

「雨ニモマケズ
風ニモマケズ
雪ニモ夏ノ暑サニモマケヌ
丈夫ナカラダヲモチ
慾《ヨク》ハナク　決シテ瞋《イカ》ラズ
イツモシヅカニワラッテヰル
一日ニ玄米四合ト
味噌ト少シノ野菜ヲタベ
アラユルコトヲ
ジブンヲカンジョウニ入レズニ
ヨクミキキシワカリ

ソシテワスレズ
野原ノ松ノ林ノ蔭ノ
小サナ萱《カヤ》ブキノ小屋ニヰテ
東ニ病気ノコドモアレバ
行ッテ看病シテヤリ
西ニツカレタ母アレバ
行ッテソノ稲ノ束《タバ》ヲ負ヒ
南ニ死ニサウナ人アレバ
行ッテコハガラナクテモイ、トイヒ
北ニケンクヮヤソショウガアレバ
ツマラナイカラヤメロトイヒ
ヒドリノトキハナミダヲナガシ

サムサノナツハオロオロアルキ
ミンナニデクノボートヨバレ
ホメラレモセズ
クニモサレズ
サウイフモノニ
ワタシハナリタイ
南無《なむ》無辺行菩薩《むへんぎょうぼさつ》　南無《なむ》上行菩薩《じょうぎょうぼさつ》
南無《なむ》多宝如来《たほうにょらい》
南無《なむ》妙法蓮華経《みょうほうれんげきょう》
南無《なむ》釈迦牟尼仏《しゃかむにぶつ》
南無《なむ》浄行菩薩《じょうぎょうぼさつ》　南無《なむ》安立行菩薩《あんりゅうぎょうぼさつ》」
があります。

宮沢賢治は、法華経《ほけきょう》信仰と農民生活にもとづく体験を通して創作を行いました。賢治は、法華経の精神、日蓮聖人《にちれんしょうにん》の教えを我が魂とし、つねに世のため、人のために生涯を過ごしました。

法華経に説く常不軽菩薩《じょうふきょうぼさつ》は、人々に対し、つねに合掌、礼拝《らいはい》し、

「あなたを深く敬います。仏さまになれる、すばらしい種をお持ちですから」

と、言葉をかけつづけました。

人はいつしか、

「どんな人をもつねに軽んじることなく、合掌、礼拝する修行者、常不軽菩薩」

と、敬いを込めて呼ぶようになりました。

許し、敬い、思いやりの大切さを教えたのです。

軽んじられながらも救いたい。救いたいけれども、救えない。デクノボーといわれようが、救いたい。これが、賢治の、常不軽菩薩の精神です。

「人間、晩年の最大のすべきこと、責務は、許し」と、誰かが言いました。

今日までの人生をふり返ると、いろいろなことがあったのではないでしょうか。

苦楽、幸不幸、挫折、悲嘆、絶望……。

人は、一人では生きられない。家族、友人、知人との関わりの中で、愛し合い、助け合い、時に憎しみ、さまざまな感情を持って、日々、暮らしているのです。

その中で、どうしても許せない。許せず、悶々《もんもん》とする。しかし、許せないという思いを持ちつづけても、解決はしない。むしろ、己を傷つけ、苦しむだけ。

そういう人がいるかもしれません。そうだとしても、もし憎しみをこらえて、相手に接すれば、やはり仏の心にかなうのではないだろうか。

許せないならば、せめて許すふりだけでもしましょう。やがて、心から許せるようになるかもしれません。少なくとも、そのことを心がけて、許しましょう。

許しは大切。崇高《すうこう》な人間の行為です。

仏教は、慈悲の宗教ともいわれていますが、許し、愛、哀れみは、他の宗教でも説いています。たとえば、キリスト教の「汝《なんじ》の敵を愛せよ」です。

――愛してくれる人を愛するのは、誰にでもできる。

この愛ではなく、悪意をもって接してくる者になお、慈愛をもって接する。

この理性を必要とする愛こそ、真実の愛なのである。――

と、説く。

まさに、常不軽菩薩の心です。

憎しみのあまり、人を許せないのは、あまりにも辛く、悲しい。

いかなることがあっても、他を許す心を養いたい。

仏教に説く柔和忍辱《にゅうわにんにく》の心、すなわち柔和な心で耐え忍ぶ心を養う。

少しでも慈悲なる心。思いやる心。豊かな心。すべてを受け容れる広い心。

こうした心を持ちたいものです。

◆憎しみ

このところ、児童虐待事件が目立ちます。負の連鎖というのでしょうか、一つの事件が起きると、続けざまに同じような事件が起こります。

あおり運転も、問題になっています。

悪質なあおり運転により、高速道路上の追いこし車線で、家族が乗っているワゴン車を、強引に止めさせた事件がありました。その結果、トラックに追突され、高校生と中学生の娘さんは助かりましたが、両親は死亡しました。

「犯人が憎い。一生、許せない」と、言っていました。

彼女たちの「許せない」という気持ちは、充分に理解できます。

しかし、彼女たちが、強い憎しみを抱きながら、もしこれからの人生を過ごしていくとなれば、実に不憫《ふびん》、やるせない気持ちでいっぱいです。

人間にとって「許せない」という心を持ち続けるほど、悲しく、辛いものはありません。

こういう話もあります。

医師からガンと告知され、余命半年と診断された五十歳の男性がいます。

半年後、亡くなりました。

スポーツマンで、つねに健康に人一倍気を使う。お酒はたしなむ程度。

タバコは吸わない。規則正しい食生活。身体に良いとされるものは、極力、口にする。十分な睡眠。性格は正直。几帳面。生真面目。

彼を知る人たちは、

「信じられない！　彼だけは長生きするだろう、と思っていたのに……」

と、言ったそうです。

しいて短命の理由らしきものを挙げれば、因果関係は分かりませんが、残された日記には、毎日のように、

「絶対、許さない！　憎い！　忘れないために、書く！」

と、あったそうです。

「書いて忘れる」と言うのならばまだしも「忘れないために」とあった。異常なほどの、心に秘めた「怒り、憎しみ」が、短命に結びついたのかもしれない、と人々は口々に述べました。

◇　　◇

中国の春秋時代、父と兄を殺された男がいました。彼は復讐《ふくしゅう》すべく、相手を追いつづけました。やっとの思いで尋ね当てたところ、すでに死んでいた。

それでも彼は、復讐の思いが消えず、墓をあばき、憎むべき男の死体を、なんと三百回も鞭で打ちつづけ、恨みを晴らしたとのことです。

この話から「死者に鞭打《むち》つ」という言葉ができました。

「許せない」という心を持ち続けることは不幸で、悲しく、哀れなことです。

◇　　◇

お互い、この世の中、一人では生きていけない。多くの人との交わりの中で生きているので、時によりいろいろ摩擦が生じることがあるでしょう。その結果、相手を傷つける。自分も傷つくこともある。

こうした人間関係の中で、大なり小なり、腹の立つことはあります。

時によっては「許せない！」と思うほどの怒りを覚える時もあるのではないでしょうか。

ただ、言えるのは「憎い」「許せない」という怒りの心を持ち続けると、結果的に自分自身を傷つけることに繋がってしまいます。これでは、損。

怒りが生じた時、何とか鎮めるべく、努力しなければ、惨《みじ》めなだけです。

「許せない」ほどの怒りに出会った時、どうすべきか？

①やはり許せない。だから、許すのではなく、怒りの心を鎮める。怒りを解きほぐす。

②容易には解きほぐせない。ならば、せめて忘れる努力をする。

③それもできないならば、忘れるフリをする。

忘れるフリをするだけでも「許せない」という気持ちが、少しは楽になるのではないでしょうか。

◇　◇

仏教では、怒りの心は、三大毒素の一つと説いています。

あとの二つは、貪《むさぼ》りの心、愚かな心。

毒素だから、放置しておくと、心はむしばまれる。心だけでなく、肉体そのものまで、むしばまれるということです。先ほどの、健康そのものの男性がガンを発症し、アッという間に亡くなったのも、それかもしれません。

毒素をため込むということは、毒を生産しつづけるようなもので、結局自分が損なだけなのです。

怒りの毒素を消せないのなら、他の感情、たとえば、悲しみの、悔し涙でも良い、思い切り泣く。あるいは、楽しみを見つけて笑う、喜ぶ。感謝、感動の心を持つ。涙、笑い、喜び、感謝、感動をもって、毒素を中和する、薄めることが解決の道かもしれません。

相手を許すのではなく、許せないという己《おのれ》の心を何とかして解きほぐす、薄めるよう努めようではありませんか。

冒頭の、両親を一度に亡くした彼女たち。

一日も早く「少しは怒りの心が薄まった」という心境になってほしいものです。

そうでなければ、あまりにも彼女たちが可哀想です。

第五章　与える

与える

二〇〇八年「後期高齢者医療制度」が施行されました。この制度によって、七十五歳以上のすべての高齢者が、保険料の負担を求められるようになりました。「保険料を払っているのだから、使わなきゃ損！」とばかりに、朝から病院の待合室を陣取《じんど》り、おしゃべりを楽しんでいるグループがいます。

冬は暖房。夏は冷房。一日中エアコンが効いている待合室。いまや、年寄りの社交場と化している感があります。

そんなとき、新顔が入ってくると一瞬おしゃべりをやめ、一斉に好奇心丸出し。よほど退屈なのか、やがてその人の噂話でも始めている感じです。

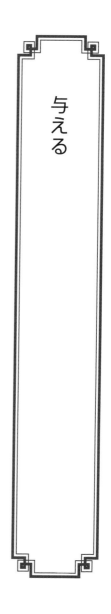

そこそこ健康だから、病院に来られるのでしょう。仲間とのつき合いで刺激を受け、認知症予防にもなるし、それはそれでよいでしょう。しかし、本当に具合の悪い病人や、出勤時間や通学時間を犠牲にして待っている、お勤め人や学生が気の毒というものです。

保険料値上げで「我々を殺す気か！」とがなり立てる年寄りもいる。

どうしてこういう老人が増えたのか？

老人は、特権階級とばかり「してもらうのが当たり前。当たり前なのに、周りがしてくれない」と、不足、不満が先に立つ。

かつて、老人は人々の尊敬を集め「長老」「元老」「老巧」「老練」などといわれた。今は「老衰」「老醜《ろうしゅう》」「老害」にくわえて「嫌老《けんろう》」。

戦後七十年余り、戦争もなく豊かで平和です。豊かになりすぎて、かえって感謝の心をなくしたのでしょうか？

現代は、医療が飛躍的に進み、健康保険、国民年金が完備されています。
生活保護がもらえるので、中には、働こうと思えば働ける人間までがブラブラ。
気分が悪ければ、電話一本で救急車。いまや救急車はタクシー代わり。
義務は放棄《ほうき》。権利は堂々と主張。損はだめ。
これが当たり前、という時代になったようです。

◇　◇

世界で、貧しい国と言われているアフリカの南部、中近東、アジアの一部では、
子どもは重要な労働力。もちろん、学校などには行かせません。
水くみ、薪拾《たきぎ》い、子守……、やることは山ほどある。
貴重な労働力の子どもを産んでも、全部は育たない。栄養失調や病気のために、
二〜三人は死ぬことを予測して、あらかじめ多く産むのだそうです。
日本も昔はそんな時代があったようです。

最貧国の一つ、アフリカ・ニジェール共和国は、人口が約二千万人。飢え、下痢、発熱などのために、年間三百四十五万人の五歳以下の子どもたちが亡くなるそうです。それでも、十数年後には人口が倍増するとのことです。

世界の人口は七十五億。約八億の人が飢餓《きが》状態。一分間で十七人の人が、飢えで亡くなっているそうです。

お陰さまで日本は、明日、食べるお米を買うお金もないような貧しい人は、特殊な事情を除いてまずいない。日本は豊かです。豊かで、平和で、何を言っても、書いても、行動も自由。こんな国は世界中探してもめったにありません。

天気予報は、

「今日は、所により一時、雨。傘のご用意を！　朝晩冷えますので、厚手のセーターのご用意を！」

とは、過保護もいいところ。

ある有名大学の学生寮の嘘のような本当の話です。

裕福な家庭に育ち、大学に入学し、寮に入った学生さん。寮のトイレに入っても水を流さない。なぜか？　聞いたら、次のような理由。

――自宅のトイレは自動。ドアを開けると電気がつく。同時に、便器のふたがスーッと上がる。おもむろに用を足す。絶妙のタイミングでジャーッと水が出て、流してくれる。おしりも洗ってくれる。おまけに、乾かしてくれる。終わって外に出ると、自然とふたが閉まる。外に出てドアを閉めると電気が消える。

自分は何もしない。トイレに入って用を足すだけで、流さない。

部屋の掃除も人がやってくれる。だから、自分ではしない。――

何から何まで全部周りが考えてくれて、してくれる。自分で考え、する必要がない。最高学府に進学した青年が、こんなことでは先が思いやられます。

なにごともあなた任せの人間に、ならないとよいのですが……。

先ほど「医療は進み、健康保険、国民年金は完備。仕事をしなくても生活保護。救急車はタクシー代わり。世界で例を見ないほどの、豊かで平和」と述べました。しかし、年金を当てにして余生を送るという時代は、もはや終わりました。若い人たちにとっては、年金そのものが過去のもの、年金制度はまったく当てにならない存在、となったかもしれません。

一人の現役世代（十五〜六十四歳）が、年寄り一人を支える社会となります。働ける老人は、いくつになっても働かなくてはいけない。働いて税金を納める。働くから、健康を保つことができ、保険、すなわち税金を使わなくて済む。健康で働けるのは、本当にお陰さまです。必要とされ、生きがいも持てる。できるなら、死ぬまで働き税金も納め、いささかでもお国のために、他のためになりたいものです。死ぬまで働けるということは、本当は最高のぜいたく、最高の幸せです。

たしかに、働きたくても働く場がないということもあるでしょう。

しかし、八十過ぎても、九十過ぎても、ボランティアなど、何かの形で仕事をしている老人は結構います。健康ならば、本人のやる気次第で仕事はいくらでもあります。やる気は、年寄りも若者も関係ありません。

以前、青山通りの一等地に靴磨きのお店を出している、三十一歳の青年がテレビのインタビューに答えていました。

「二十歳の時、食べるのにも困っていました。とりあえず現金収入とのことで、靴磨きを始めました。最初は東京駅で一年、品川駅で三年働きました。お金を貯めて二十四歳で、青山にこのお店をオープンしました」

と述べていました。

古い靴をよみがえらせて、お客さんに喜ばれ、靴もまた喜ぶ。

やる気さえあれば、仕事はあるということです。

「してもらうのは当たり前」と述べましたが、本当は、受ける喜びより、施《ほどこ》す喜びの方がはるかに大きい。人間、若くても年寄りでも、してもらうことしか考えない人間はだめ。これでは、本当の喜びを得られない。

少しでも与える側に立つと、心は満ち足り、相手から喜ばれる。喜ばれて喜ぶ。もらうより、与える方がずっと満足を得られるのです。

「有り難《あがと》う」と一言でも言えば、それはすでに相手に喜びを与えているのです。

「有り難う」と言われたら、嬉しい。寝たきりの人でも、周りに「有り難う!」と言えたら、すでに相手に喜びを与えているのです。喜びを与えているということは、その人は立派に生きている、生きている価値があるということです。

働けるかぎり働き、置かれた境遇《きょうぐう》、立場の中で、できるかぎり人に喜びを与えられる人間になりたいものです。

「有り難う」と言い、「有り難う」と言われる人間になりたいものです。

ギビング　イズ　リビング

モリー・シュワルツという、アメリカの大学教授の話です。

七十七歳の時、ＡＬＳ（筋《きん》萎《い》縮《しゅく》性《せい》側《そく》索《さく》硬《こう》化《か》症《しょう》）を発症しました。身体の筋肉がしだいに動かなくなり、やがて呼吸もできなくなり、死に至る病気です。

発症の翌年、亡くなりましたが、死の直前、見舞いにおとずれた教え子たちは、はげますつもりが、つい悩み事を相談し「逆に、はげまされてしまった」と、涙を流して言ったそうです。

「どうして、見舞った人たちの思いを受けるだけにしなかったのか？」

と、友人が聞いたところ、

「受けるということは、死にかけている感じなんだよ。逆に、何かを与えることによって、生きている実感が持てるんだ！」

と、教授は答えました。

英語でいう「Giving is living.」です。

余命いくばくもない老教授が、教え子たちに与えたのです。死におもむく最後まで、他に与え続けました。

気持ちがあれば、死に際してなお、人に何かを与えられるのです。

◇　◇

幸せとは、何だろう？　幸せとは、要は心の問題ではないでしょうか。

文明が進み、豊かで、社会福祉が充実しているのにもかかわらず、自殺者が多いのは、物が満ちていても心が満たされていないからかもしれません。

人は、受けるだけでなく、与えることがあってこそ満足する。受けてばかりの人間は、やがて不満だけが強くなり「もっとくれ！　もっと与えろ！」となる。

それでは、いつまで経《た》っても満足しない。

人間、他に与える、他に何かをすることが大事。そうすれば、たとえ病人でも、老人でも、尊厳は保たれるのです。社会とつながっている、何かの役に立っている、と自覚した時、人は生きがいを持てる、幸せを得るのです。

不足、不平、不満、不安、不幸、不信。いつも「不」の字を並び立てる。世を拗《す》ね、不満を口にし、己《おのれ》の不運を嘆《なげ》く。そういう人は、もらうことは知っていても、出すことを知らない。「精神の幼児性、劣化、老化」といえます。「拗」という漢字は手偏に幼いと書きますが、人間の幼児性を表しているのかもしれません。

人は必ず歳を取る。しかし、老化の程度は人による。与えず、もらうばかりを要求する人は、歳に関係なく「老人」です。若くしてすでに「老化」が始まったといえます。「老化」とは？「老人」とは？ それは歳に関係なく、いささかも与えず、もらうばかりを要求するようになった人のことではないでしょうか。

人間は、生まれてまず「もらう」から始まる。オッパイをもらい、オシメをつけてもらう。おんぶに抱っこ。何から何まで「もらう」一方。「受ける」一方。

やがて大人になり「与える」側になる。年老いた親の世話をする。家族を養う。税金を納める。社会に貢献する。

年老いて、国、社会、家族から手助けしてもらい、ふたたびもらう立場になる。

これは、誰でも通る道。

問題は、与える側にいるべき人間が与えず、もらうばかりを要求する人間がいるということです。こういう人は、どんなに若くても「老人」です。

ただ、不運にも病気や事故で受ける以外なくなった人は、若くても老人かといえば、そんなことはない。感謝の心を持ち、心から「有り難《あがと》う」と言い、態度に示すことができれば、他に喜びを与えられるのです。もらうばかりではない、与える側の立派な大人なのです。

生かされていることに感謝。多くの人、ものに支えられていることに感謝。感謝して、置かれた環境の中で、病人であれ、老人であれ、他に何かを与える自分であれ、と心がける。与えることにより、喜ばれ、その喜びを我が喜びとし、生きがいとする。Take「受ける」ではなく、Give「与える」。「Giving is living.」、与えることは生きること。お互い、そんな人生を歩みたい。

働こうと思えば働けるのに働かずに、国の恩恵に甘んじている人が多く見受けられるようになりました。昔なら、人間として大いに恥としましたが、現代は恥とは思わなくなった。国民の当然の権利、というような風潮を感じずにはおれません。はたして、それが人間の幸せにつながるのでしょうか？　人間として、意義ある人生を送るため、他に何かを与えられる人間になるよう、心がけましょう。

鳥は、飛び方を変えることはできない。

動物は、走り方を変えることはできない。

魚は、泳ぎ方を変えることはできない。

人は、心がけ一つで生き方を変えることができるのです。

「どんな時に、人生に意味を感じるか?」

と質問すると、ほとんどの人が、

「他人の役に立った時。人から感謝された時」

と、答えるそうです。

真の喜び、生きる意義、意味は「もらう」ではなく「与える」にあるからなのです。もし今、自分が、あなたが幸せなら、ひとり占めしない。少しでも、周りの人たちに分け与えるよう、他に対して何かをさせていただけるよう、心がけることが大切です。

◆有り難うございます

ある男性信徒の話です。大病を発症して入院、やがて亡くなりました。

入院中、彼は次のように述べました。

——入院以来、たくさんの方に世話になるだけ。一つとして他人《ひと》さまに何もできない人間になってしまった。こんな自分にも、何かできることがないだろうか？

考えました。その結果、次のような思いに至りました。

「そうだ！　思えば、信仰を通して、たくさんの教えをいただいている！

その一つは、互いに『有り難うございます』と挨拶し合うこと。

さっそく今日から、みなさんに『有り難うございます』を言おう！」

と、心に誓いました。

まずお医者さん、看護師さんから始めました。

すると「いいえ、どういたしまして」と、自然に返事が返ってきました。

次は、同室の患者さんに言いました。

キョトンとした顔をして、返事が返ってきません。

廊下ですれちがう患者さんにも「有り難うございます」。

すれ違った掃除のおばさんにも「有り難うございます」。

ますます怪訝《けげん》な顔をされるだけです。

ある時、一人の患者さんから、

「あなたに何もしてあげていないのに、何でお礼を言うのですか?」

と、聞かれました。

「『有り難うございます』というのは、私が信仰しているお寺の、大事な教えなのです。その教えというのは、次のようなことです。

『有《あ》り難《がと》う』は、感謝の心を示す、大切な言葉。人は一人では生きられない。あらゆるもの、あらゆることの支え、お陰をいただいているからこそ、生きられる。こうした感謝の気持ちを込めて、何に対しても『有り難う』と言わなければならない。

『有り難う』は、『有り難《にく》い』とも読む。

私たちがこの世に生まれ、今生きているのは奇跡に近い、有り難《にく》いこと。今、自分がここにいる、あなたと接している……、すべて当たり前ではない、有り難《にく》いことなのだと受けとめる。こうした感謝の気持ちを持って『有り難うございます』と挨拶し合うことが大切。

『有り難う』は、逆さに読めば『難《なん》有《あ》る』。すなわち『難《なん》有《あ》って有《あ》り難《がた》い』。

今、直面している苦しみ、悲しみは、自分を成長させてくれる糧《かて》、試練。目をそらさず、真正面から受けとめることが大切、とも教えられています。

苦しみは、後になって、喜びをもたらす『産みの苦しみ』かもしれない。したがって『難有って有り難い』と思いを変えることが大切。このような思いを持って『有り難うございます』と挨拶し合うように、と教えられています。みなさんとお会いできるのも、生きていればこそです。有り難いことです。だから、みなさんに『有り難うございます』と、申しあげるのです。私は今、病人で、何もできない身の上です。せめて『有り難うございます』を申しあげることしかできないのです。

このようにお話ししたところ、分かっていただけたようで、以来「有り難うございます」と言うと、みなさんから「有り難うございます」と返ってきます。中には、先方から私にむかって「有り難うございます」と声をかけてこられる方も出てきました。——

以上の話でした。

何もできないどころか、人にすばらしいことを教えた、与えたのです。最後まで、周りの人たちに「有り難うございます」を言い続け、感謝と喜びをもって旅立った、とのことです。

◇　◇

ある年の秋、余命三ヵ月と言われた信徒の話です。

お陰さまでその年を無事に過ごし、新年を迎えることができました。この年も、入退院を繰り返したものの、会社にも顔を出すことができました。医師から、二度、三度と、余命数ヵ月との宣告を受けながらも、春、夏も過ぎ、二度目の秋をこすことができました。

十一月、いよいよ病気も進み、医師から、

「十二月の誕生日までは無理かもしれない」

と言われたのですが、なんとお陰さまで、誕生日を迎えられたのです。

当日、医師が、

「お誕生日、おめでとうございます！

何度も『もう、これまで！ 覚悟してください』と、言ってきましたが、その都度、乗りこえられました。ぼくは嘘つきになっちゃいました」

と、言いながら、医師のほか、六～七名の看護師さんの名前が書かれた色紙《しきし》を、本人に渡しました。

――お誕生日おめでとうございます！

次の目標は、二度目のお正月を迎えることですね！

私たちもがんばります。○○さんもがんばってください。――

と、書いてあったそうです。すばらしい医師と、看護師さんたちです。

涙を流し「有り難う。有り難うございます！」と、お礼を述べました。

看護師さんたちは、

「お礼を言うのは私たちの方です。○○さんは、いつも『有り難うございます』と、言ってくださいます。看護師の仕事は、決して楽ではありません。辛いことがたくさんあります。でも『有り難う』と言われるたびに、はげまされ、癒《いや》されます。『有り難うございます』というのは、私たちの方ですよ」

と、口々に言われたそうです。

大病にかかり、世話される一方でありながら、医師、看護師さんたちに、勇気、はげましを与えているのです。

「次の目標は、お正月！」と言われた通り、奇跡が起こりました。

新年を迎えることができたのです。正月三が日、自宅に戻ることができました。夫妻で仲良く、夫人手作りの、おせち料理をつまみました。

何度も余命宣告を受けながらも、その都度、乗りこえての闘病生活を送っているご主人について、ご夫人は、

――主人は、毎朝、目を覚ますと、

「今日も生きている！　仏さま、有り難うございます」

と、申します。

「仏さま、多くの皆さまの支えをいただいて、生かされているよ。信仰のお陰で、病を通じて、本当の喜び、感謝の心を持つことができた。

我が人生、悔いなしだ！　いつ、お迎えが来ても悔いはない」

と、毎日のように申しております。――

と、言っておられました。

余命三ヵ月と言われながらも、二度の誕生日と二度のお正月を迎えることができ、やがて旅立ちました。最後まで「有り難う」を言い続けました。

老人にかぎらず、病を得て、人から世話をされる一方になった人でも、なお、心がけ一つでは、他に何かを、喜びを、与えることができるのです。

施《ほどこ》し

宗教の大事は奉仕、施しの行為。時に己《おのれ》を犠牲にし、身を捨ててまで他のために施すことは、人間として大切な心得です。

仏教に「無財《むざい》の七施《しちせ》」という教えがあります。

一、眼施《げんせ》（やさしい眼差し。心が柔和《にゅうわ》なら眼も柔和。心が尖《とが》れば眼も尖る）

二、和顔悦色施《わがんえつじきせ》（柔和《にゅうわ》な笑顔。笑顔は、人に安らぎをもたらす）

三、言辞施《ごんじせ》（思いやりの言葉。人を救うのも、傷つけるのも言葉一つ）

四、身施《しんせ》（身をもっての施し）

五、心施《しんせ》（心配り）

六、床座施《しょうざせ》（席をゆずる。転じて、ゆずり合う。謙譲《けんじょう》の美徳）
七、房舎施《ぼうしゃせ》（家に招き入れる。転じて、すべてを許す。受け容れる）
以上、物などによる施しではなく、心がけ一つで、誰にでもできる施しです。

ある全盲の信徒の話です。

二十年前から「茨城県視覚障害者協会」の副会長を務め、長年の功績により叙勲《じょくん》されました。天皇陛下に、ご夫人と共々拝謁《はいえつ》しました。陛下に握手していただき、お言葉を頂戴しました。本人だけでなく、ご夫人にもお声をかけられたとのことですが、稀《まれ》だそうです。

音響式の信号機、点字ブロック、駅のホームドアの設置。その他、視覚障害者が暮らしやすい社会を作るために多くの功績があり、叙勲となったようです。

彼は十歳の時に緑内障《りょくないしょう》にかかり、失明しました。その後、盲学校に入り針灸《しんきゅう》、マッサージ、指圧の資格を取得し、治療院を開業しました。

パラリンピックの国内大会で陸上と競泳に出場、数々の優勝。柔道四段、津軽三味線、尺八と趣味も多才です。

「助けがなければ何もできない自分だが、何かできることはないか、と思い立ったのが献血。今では百五十回をこえました。三十分歩いて病院まで行きます。障害を持っていなければ、どんな人生を送っていたか分からない。失明したからこそ今の自分がある。今日まで無事にこられたのも、すべてご法さまのお陰さまと心から感謝しています」

と述べています。非常に前向きな人生です。

◇　◇

法話集第三集『難有《なんあ》って有《あ》り難《がた》い』で「与えることによって得る本物の喜び」と題して、小学校四年生の時、病気で失明してしまった少女の話を掲載しました。

彼女は盲学校中学二年の時「今、中学生が訴えたいこと」と題した「少年の主張全国大会」が開催された時に、奨励賞を受賞しました。

　概略です。

――小学校四年生の春。光を失いました。中学二年になる今日まで、両親、兄、先生、友達、そして私の気づかないところで、どれだけ多くの人たちが私に優しさを惜しみなく与えてくださったことでしょう。

　光と自由を失って、もっとすばらしいものがあることを知りました。

　それは人の心の優しさ。でも、ふと疑問に思うことがあります。与えられることが多く、与えることの少ない私が、本当に人の心の優しさを理解できるだろうか、ということです。いつの日か、与える喜びを通して、与えられる有り難さの本当の意味を、私は知らなければならない。――

「与えることにより得た喜びを通してこそ、本当の喜びを感じることができるのではないか」という女の子の言葉です。先ほどの彼と同じです。

視覚障害者協会の設立八十周年を記念し、二〇一五年一月、小冊子『あかり』が発行されました。副会長として「初めての体験」と題した随筆《ずいひつ》を掲載しました。概略紹介します。

――これまで、多くの人からサポートを受けてきました。

しかし、今回大変有り難い体験をしたので、ぜひお話ししたいと思い、点筆を取りました。点筆とは点字を書くための針です。

二〇一三年十一月二十八日、協会の会議に出席するため家を出ました。古河駅に着いたところ、電子白杖のリチウムイオン電池が切れてしまいました。宇都宮線から水戸線への乗り換えのため、小山駅の十番ホームをやっとの思いで歩いていたところ、女性が「どうなさったのですか？」と声をかけてきました。

「有り難《あ　がと》うございます。でも、大丈夫です」

と、言おうと思いましたが、ホームの階段の上にコンビニがあるのを思い出し、

「よろしかったら、上の階のコンビニまで案内していただけますか？」

と、お願いしました。

ところが、リチウム電池はなく、駅を出ればあるとのことでしたが、発車時間が迫ってきたので、女性に丁重にお礼を申し上げ、お別れしました。

その後、十六番ホームに行き、水戸行きの電車に乗りこみました。

なんと、先ほどの女性が息せききって飛びこんできたのです。

「これでよかったのでしょうか！」

と、電池を渡してくれたのです。

間違いなく欲しかったものでした。驚きました！　嬉しかったです。

「有り難うございます！　これです。本当に有り難うございました！

おいくらでしたか？」

「後でいいです」

と言って、受け取ってくれません。発車アナウンスがあったため、お名前を伺い、私も名乗ったところで、彼女は電車を降りていってしまいました。後でいいといっても、いつ会えるか分からない見知らぬ私のために、わざわざ改札口を出て、電池を買ってまたホーム上の電車に戻るということは、普通ではまったく考えられません。本当に感謝しました。彼女の気持ちがものすごく嬉しく、有り難い思いでいっぱいでした。

　人さまからたくさんの親切をいただいてきましたが、このたびの女性の親切はひとしお身に染《し》みました。

　水戸駅に着いた時、募金活動をしていました。いつもなら素通りするところ、五百円を箱に入れて、少しは気分も爽やかになりました。

　決して忘れられない出来事、思い出となりました。——

以上です。彼女は通りすがりの見ず知らずの全盲の男性に、思いやりの言葉を施《ほどこ》し、優しい行為、素晴らしい心配りをしました。

彼は「人からたくさんの親切をいただいてきた」といいました。しかし、彼も視覚障害者の方たちをはじめ、多くの人たちに多くのものを施しているのです。

その彼が改めて、彼女からすばらしい施しを受け、心から感動し「有り難うございます」と、感謝の言葉を彼女に捧げた。

しかし、与えられ、施されるだけではいけないと思ったのでしょう。

その気持ちが、五百円の募金運動となったようです。たかが五百円、されど五百円……。感謝、喜びのいっぱい詰まっている五百円だったのでしょう。

彼女は「お金と時間、思いやりの心と優しい行動による施し」をしました。

彼女も彼から大きな施しを受けました。感謝され、喜ばれ、心から満ち足りた思いを持ったことでしょう。まさに「有り難う」のキャッチボール。

人として、施し、施され、喜び、喜ばれのキャッチボールを続けたいものです。

至誠惻怛《しせいそくだつ》

二〇一五年、大村智《おおむらさとし》・北里大学特別栄誉教授が「ノーベル生理・医学賞」を、梶田隆章《かじたたかあき》・東京大学教授が「物理学賞」を受賞しました。

平成では、十七人が受賞。令和では、元年に吉野彰《よしのあきら》氏が「ノーベル化学賞」を受賞。「文学賞」受賞の大江健三郎《おおえけんざぶろう》氏を除き、十七人すべて生物・医学・物理・化学など、自然科学の分野の方々です。

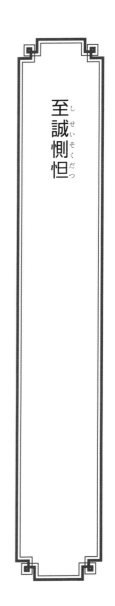

時を同じくして、惑星の金星への軌道に探査機「あかつき」が見事に投入成功しました。日本は今や、世界最高峰の学術、技術力を有する国となりました。

これからの日本は、最高度の智慧《ちえ》と技術を駆使して、世界最高の製品を開発、製造することこそ生きる道ではないでしょうか。

アメリカの「Ｇｏｏｇｌｅ」開発の囲碁コンピューターソフトがチェスを破り、将棋《しょうぎ》にも勝ちました。残るは囲碁で、当分囲碁棋士《きし》には勝てないとされていたのにもかかわらず、世界最高峰のプロ棋士に四勝一敗で勝ってしまいました。最後の砦《とりで》と思っていた囲碁棋士の知能が、人工知能に破れたことは衝撃的でした。

アメリカのスポーツ用品メーカー「ナイキ」は、履いた途端《とたん》、自動的にひもが締まる靴を開発しました。厚底シューズは、陸上で記録ラッシュです。

日本も負けじと、世界最高の智慧と技術を駆使し、最高の製品を作るべきです。

たとえば、補聴器。補聴器は大変高価で三十万、五十万、高いのは百万円をこすものもあるそうです。しかしどんなに高くても、本物の耳にはかないません。

もし本物、いや、本物以上に聞こえる補聴器ができたとしたら、画期的です。

日本の技術力を持ってすれば、充分可能ではないでしょうか。

もし実現したら、一千万円でも安い。仮に一億円だとしても、アラブの王さまなら自家用ジェット機で大勢のおともを連れて、買いに来ること間違いなしです。世界中から大金持ちが、わんさと押し寄せるでしょう。たちまち、一千兆円の国債《こくさい》の赤字なんかきれいになくなります。

◇　◇

大村教授の話に戻します。

教授が本格的に研究者の道を歩もうと思ったのは、大学卒業後、定時制高校の教師になった時、

「私とあまり歳の変わらない生徒が、昼間働き夜勉強する姿に心を打たれた。期末試験の時、工場から作業服のまま駆けこんできた生徒が、なんと、手が油まみれ！　そのままの手で答案を書いているではないか！

自分も、もっとがんばらなければだめだ！」

と、衝撃を受けたそうです。

このことがきっかけ。研究者の道に進む決定的な瞬間でした。東京教育大学（現筑波《つくば》大学）の研究生を経《へ》て、夜は高校で教鞭《きょうべん》を、昼は東京理科大の大学院で科学を学び、やがて、山梨大学助手を経て、北里大学に奉職《ほうしょく》。

さらに、アメリカに留学。その時、上司から、

「行くのは勝手だが、戻ってきても、君の研究費は出ないよ」

と言われたそうです。

「それならば、アメリカで集めるしかない！」と、製薬会社をまわって研究費を集めて生まれたのが、家畜用の寄生虫駆除薬《くじょやく》の「イベルメクチン」。教授が立派だったのは、開発で得た特許料《とっきょりょう》、約二百億円をそっくり北里研究所に入れたことです。その後、改良、開発されたのがノーベル賞の受賞対象となった、アフリカや中南米《ちゅうなんべい》で発生している寄生虫によって失明する「オンコセルカ症」

に有効な治療薬である「メクチザン」です。

すごいことに、さらに捻出《ねんしゅつ》した数百億円を北里大学研究施設や病院の建設、その他地域の発展のために役立てたのです。しかも、ノーベル賞の賞金は、東京理科大学と山梨大学に寄付したそうです。

教授は「人のため」が口癖《くちぐせ》です。「自分のためよりも他のため」が一貫《いっかん》した教授の姿勢ですが、それは育った環境のようです。家が忙しく、母親に代わって育ててくれた祖母から、厳しく「人のためになることをしろ」と言われたからだった、と述べています。

教授は、毎年正月、一年の抱負を色紙に書いて研究室に飾るそうです。

ノーベル賞受賞の年は「至誠惻怛《しせいそくだつ》」でした。

至誠惻怛とは、中国の儒学者《じゅがくしゃ》・王陽明《おうようめい》（一四七二～一五二九年）の教えの中に出てくる言葉です。

幕末、越後長岡《えちごながおか》藩の家老・河井継之助《かわいつぎのすけ》（一八二七〜一八六八年）から「人としての道いかに」と問われた儒学者《じゅがくしゃ》・山田方谷《やまだほうこく》（一八〇五〜一八七七年）が引用した言葉です。

――至誠は、誠《まこと》をつくす。惻怛は、惻も怛も他の痛みを悲しむ心。つねに誠をつくし、他に対し哀れむ心を持つことは、人としての基本、歩むべき道。――

と、方谷は説きました。

方谷は、財政破綻《はたん》寸前の備中松山《びっちゅうまつやま》藩を見事再建しました。人々から「再建の神様」「備中聖人《せいじん》」と称されたとのことです。

大村教授は、

「いかなるすばらしい業績も、国のために誠をつくすという、公を大事にする心から発したものでなければ、それはただの私利私欲《しりしよく》に過ぎない」

と、述べています。

ノーベル賞の対象となった新薬開発のきっかけは、アフリカのガーナに行った時のこと。村のそこここの木陰で、たくさんの人たちが、たむろしていました。

ガイドに、

「昼間から何もしないでゴロゴロしているあの人たちは、なんですか？」

と、質問したところ、

「皆、寄生虫にたかられ、失明して仕事ができないのです」

と、返事が返ってきました。

教授は驚愕《きょうがく》し、以前開発した家畜用の寄生虫駆除薬「イベルメクチン」をなんとか人に応用できないものか、と研究に研究を重ねた結果が、人間用の治療薬「メクチザン」だそうです。

受賞のインタビューで、

「微生物のすごい能力を、なんとか引き出そうとしてやってきました。

微生物がよいことをやってくれているのを、いただいただけ！

自分が偉い仕事をしたとは思っていません」

と、答えたそうです。

お婆ちゃんに「人のためになることをしろ」と言われ続け、以来つねに他のため、人間のためになることを考え続けた、いかにも教授らしい謙虚な物言いです。

灯火《とうか》念々《ねんねん》。大村教授ほどの大きな灯火《ともしび》を灯すような、すごいことはなかなかできませんが、できる範囲で、ささやかな灯火でも良いから、他に、少しでも明るさ、喜びをもたらす人間になるよう心がけたいものです。

第六章　再生

我 再生

令和の代になりました。

時代は、明治、大正、昭和、平成、令和と移りました。時が絶え間なく移り変わるごとく、人も相変わって生まれ変わらねばなりません。

奇《く》しくも、二〇二〇年は十二支《じゅうにし》のはじめの子年《ね》、すなわち、ねずみ年です。

十二支は、子《ね》・丑《うし》・寅《とら》・卯《う》・辰《たつ》・巳《み》・午《うま》・未《ひつじ》・申《さる》・酉《とり》・戌《いぬ》・亥《い》の十二種からなり、古来、暦《こよみ》、時刻、方角を表すときに用いられてきました。

十二支の順番は、ある逸話《いつわ》に由来するといわれています。

「神さまが、正月元旦にどれだけ早く集まれるか動物たちにレースをさせた。

その結果により、十二支の種類と順番が決定された。一番乗りしようとしたウシの背中からネズミが素早く降りて一位を奪《うば》った。イヌとサルがケンカしながら順位を争い、イヌが負けた。ネコはネズミに騙され、レースの日程を間違えた結果、十二支から外された」

このような逸話ですが、本当のところは分かりません。

以来、イヌとサルは犬猿の仲となり、恨んだネコはネズミを追い回すことになりました。追い回しすぎて、時に反撃され「窮鼠《きゅうそ》猫を噛《か》む」となりました。

二〇二〇年、十二支が一回りし、新たにねずみ年になりました。

亥年は、命が閉じ込められている状態。子年は、前年の状態を脱して、新しい生命が兆《きざ》しはじめる状態を指します。

新生日本、新たなる社会、新たなる我 再生を目指し、懸命に努力しようではありませんか。

三十二年前、昭和が終わり、平成の代になりました。

平成四年に、バブルがはじけました。以来、約三十年、ある意味で、日本人は失い続ける時代を生きてきた、と言う人がいます。一面の真理《しんり》かもしれません。
①たとえば、経済。平成元年度の企業の世界ランキング。
世界五十社のうち、三十二社が、なんと日本の企業が占め、しかも一位から五位まで、すべて日本企業です。アメリカの企業でさえ十五社しか入っていません。

勢いに任せて、アメリカの象徴、ロックフェラーセンターを「三菱地所」が二千億円で買収。ゴッホの名画「ひまわり」を「安田火災」が五十数億円で購入。

ハワイの土地を軒並み買って、ホテルを建てる。

土地の値段は跳ね上がり、山手線の内側の土地価格でアメリカ全土が買える。

日本中に、札束が乱舞。処分に困り、竹藪《たけやぶ》に一億円を捨てた人もいたほどです。

ロールスロイスは、全生産台数三分の一強が日本で販売され、山中湖では、別荘地を売却した地元の人たちのベンツが走り回りました。
三十年経《た》った、平成三十一年のランキング。
一位から六位まで、すべてアメリカ企業。合計三十一社がアメリカ企業。
なんと世界五十社のうち、日本企業はたった一つ。三十年前と逆転です。
「トヨタ自動車」が四十五位です。
「トヨタ自動車」の上に、中国の企業が六社占めていて、台湾、韓国の企業も
「トヨタ自動車」よりも上位です。
あまりの凋落《ちょうらく》ぶりです。
「シャープ」は台湾企業に、「三洋電機」は中国企業に買収される始末。
日本の国土を、中国が買いあさっています。
②現役世代にのしかかる少子高齢化も重大。即ち、年金問題。少子高齢化が進み、
いずれ二人で一人の高齢者を扶養することになると予測されています。

③人も国土も傷つけた自然大災害。

平成七年　阪神淡路大震災。

平成二十三年　東日本大震災・福島第一原発、大事故。

平成二十八年　熊本地震。熊本城大被害。

平成三十一年　台風十五号、十九号による東日本地区の大被害。

箱根登山鉄道は、復興未《いま》だ道半ばです。

④地球温暖化は、陸地を減らし、自然、生物に大きな影響を及ぼします。

大量の二酸化炭素、プラスチックは、大気や海を汚染。

今、日本は、社会は、日本人は、何とも言いようのない閉塞感《へいそく》に陥っているような気がします。しかし日本は、あの敗戦による焼け野原から、見事に一致団結、奇跡的に復興しました。一人ひとりが宿す灯火《ともしび》は小さくとも、一致団結、大きな灯火とする力が日本人にはあるのです。

ねずみ年は、新しい生命が兆しはじめる状態を指します。

政治、経済、国、あらゆる組織、社会そのものが再生、変わっていかねばならない大事な節目の年となるのではないでしょうか。

世界もそうです。世界に目を向ければ、相変わらず自国第一とばかりに、弾圧、テロ、殺戮《さつりく》が繰り返されています。

経済第一主義は、地球温暖化を招いています。

これが、今、ブーメランのように人間の身に降りかかっています。こうした実状を真剣に反省しなければなりません。

この意味も含めて、新しい令和の初めての正月を迎えるにあたり、相変わって、生まれ変わらねばならぬ、という覚悟を込めて、

「令和新春　相変わりて　我 再生」

という、指針を出しました。

海老《えび》や蟹《かに》は、毎年、脱皮します。脱皮すると、身は柔らかくなる。柔らかくなることで、成長する。生きている限り、際限《さいげん》なく殻を脱ぎ続けるそうです。古い殻を一つ脱ぎ、一回り成長。常に弾力性をたもち、若さをたもち続ける。古い殻に閉じこもらず、常に柔軟さをたもち、成長し続けるそうです。人間も、古い殻に閉じこもることなく、思い切って脱皮しなければなりません。殻を脱いで、柔軟さを取り戻しましょう！

お互い「令和新春　相変わりて　我 再生」といこうではありませんか。

とかく私たちは、我に固執《こしゅう》する。置かれた境遇《きょうぐう》に甘んじてしまう。何事も、運命と諦める。一歩踏み出す勇気がない。いけません！　運命は変えられるのです。

人間の頭脳は、なんと、九十パーセント近くが使われないままに死んでいくそうです。せめて、一パーセントでも二パーセントでも、脳を磨き、高め、若さを取り戻し、心身ともに進歩、発展していきたいものです。

これが、殻を脱ぐということであり、運命を変えるということなのです。

幕末の儒学者《じゅがくしゃ》・佐藤一斎《さとういっさい》（一七七二〜一八五九年）は、『言志晩録《げんしばんろく》』の中で、

「少《わか》くして学べば　則《すなわ》ち壮にして為《な》すことあり。

壮にして学べば　則ち老いて衰《おとろ》えず。

老いて学べば　則ち死して朽《く》ちず」

と、説いています。

――若いうちにしっかり学べば、大人になって他のために役立つ人間になる。

大人になってなお学べば、老いてなお衰えない。

老いてなお学べば、その精神は永遠に残る。――

ということです。

人間、その一生、絶え間なく学び、反省の心忘れず、つねに相改め、再生を繰り返さねばならない、ということではないでしょうか。

あとがき

二〇一九年七月十二日をもって、満八十歳となりました。いわゆる傘寿《さんじゅ》です。中国の故事に倣うと、人間の寿命は百六十歳だそうで、八十歳は半寿ということになります。

『論語』に、

「吾《われ》十有五にして学に志す。三十にして立つ。四十にして惑《まど》はず。五十にして天命《てんめい》を知る。六十にして耳順《したが》ふ。七十にして心の欲《ほっ》する所に従へども、矩《のり》を踰《こ》えず」

とあります。

なぜか「八十にして〜」がありません。孔子《こうし》の時代、人間は八十、九十と長生きする人が少なかったのかもしれません。

八十歳を迎え、さてどういう心構えを持つべきか、考えねばならないようです。いずれお迎えが来ます。その時、悔い多き人生だった、と嘆《なげ》くようなことだけはしたくありません。死を迎えて後悔するのは、花を咲かせなかったことではなく、咲かせようと全力をつくさなかったことに対して……。

残る日々、全力をつくしたいものです。

同じ中国の古典『礼記《らいき》』※を引用して、大阪大学名誉教授・加地伸行《かじのぶゆき》先生は、

――「八十、九十を耄《ぼう》と曰《い》う」とある。耄とは、老いぼれと読む。その状態は、忘れる。今ふうに言えば、認知症。百歳は「期《き》」。その状態は、着るもの、食べるものなど、すべて何も分からない。ゆえに、子が養う。――

と、述べています。

できうるならば「耄」も「期」もさけたい。

老い先を真剣に考え「立つ鳥跡を濁《にご》さず」といきたいものです。

私は、二〇〇三年に第一集『役に立たない命なぞない』を上梓《じょうし》しました。「あとがき」で「過去三十年以上にわたり、五千回以上の法話をしてきた」と述べています。以来、二、三、四、五と上梓しました。その後、『生きるとは』のタイトルで一冊発刊し、この度、七冊目の法話集を上梓しました。

内容は、甚《はなは》だ未熟。お目汚しですが、ご笑読ください。

当年、八十一歳。本にたとえれば、一年一ページで、八十一ページ。

失敗、挫折もあり、自慢できる八十一ページではありません。

人生八十一ページの本も、活字で書いた本も、いずれも内容は、誠にもって恥ずかしいかぎりです。この先、どのくらい生きられるか分かりません。

もし残された余白があるならば、そのページ、おろそかにせず、納得のいく文

章を書きあげたいものです。書きあげて、
「総合点でいえば『まぁまぁ』の本ができた！『まぁまぁ』の人生だった！
及第点《きゅうだい》をあげてもよいかな？　少しは花を咲かせたかな？」
とニッコリ笑い、後の者に、
「有《あ》り難《がと》うございました」
と言ってペンを置き、裏表紙を閉じたいものです。
※礼記……中国の周時代から漢時代にかけて儒学者がまとめた礼に関する書物を編纂《へんさん》したもの

二〇二〇年　七月

大塚　日正

【著者紹介】

大塚 日正（おおつか・にっしょう）

昭和14年（1939年）7月12日、東京都に生まれる。

昭和29年（1954年）11月、出家得度し、法華宗（本門流）の僧侶となる。僧名「正信」。

昭和37年（1962年）3月、早稲田大学法学部卒業。その後、法華宗興隆学林に学ぶ。

昭和49年（1974年）6月、法華宗「獅子吼会」会長・導師に就任。僧名「現楠」と改称。

平成13年（2001年）4月、大本山「鷲山寺」第99世貫首に就任。僧名「日正」と改称。大僧正。

平成15年（2003年）8月、法華宗第125代管長に就任。

平成18年（2006年）3月、大本山「鷲山寺」貫首に再就任。

平成20年（2008年）8月、法華宗第129代管長再就任。

平成23年（2011年）4月、大本山「鷲山寺」貫首退任。

著書：『役に立たない命なぞない』『何が大事か日本人』『難有って 有り難い』『心に悔いなく 顔に嬉笑あり』『死ねない時代』『生きるとは』他

〈連絡先〉

法華宗「獅子吼会《ししくかい》」

〒161-0035　東京都新宿区中井2-14-1

電話　03-3953-5501（代表）
メール　honbu@shishikukai.or.jp
ホームページ　http://www.shishikukai.or.jp

〈本書について〉

本書は、著者の数年にわたる信徒に対しての法話をまとめたものです。

再《さい》生《せい》 元気になる26のメッセージ

2020年7月12日　初版第1刷発行

著　者　大塚日正
発行人　石原大道
印　刷　亜細亜印刷株式会社
製　本　東京美術紙工
発行所　有限会社 大法輪閣
〒150-0011 東京都渋谷区東2-5-36 大泉ビル2F
TEL (03) 5466-1401 (代表)
振替 00160-9-487196番
http://www.daihorin-kaku.com

ISBN978-4-8046-1427-4 C0015